MANUEL

DES GREFFIERS

DES JUSTICES DE PAIX.

PARIS, IMPRIMERIE DE POUSSIELGUE,
rue du Croissant, 12.

MANUEL

DES GREFFIERS

DES JUSTICES DE PAIX,

ou

TRAITÉ DES FONCTIONS ET DES ATTRIBUTIONS

DE CES FONCTIONNAIRES;

PAR M. J.-L. JAY,

Directeur des Annales et du Répertoire des Juges de Paix, l'un
des auteurs du Commentaire sur les Ventes publiques, et du
Traité sur l'arbitrage ordinaire, forcé, etc., etc.

A PARIS,

CHEZ L'AUTEUR, RUE DU CROISSANT, 8.

1843

DIVISION DE L'OUVRAGE.

CHAPITRE PREMIER.

DE L'ORIGINE ET DE LA NATURE DES OFFICES DES GREFFIERS.

§ 1er. *Notions historiques.*

§ 2. *Ce que sont aujourd'hui les greffiers des justices de paix.*

§ 3. *Des rapports des greffiers avec les juges de paix.*

CHAPITRE II.

DE LA NOMINATION DES GREFFIERS ET COMMIS-GREFFIERS ET DE LA CESSATION DE LEURS FONCTIONS.

§ 1er. *Des conditions requises pour être greffier.*

§ 2. *Des formalités à remplir pour être nommé greffier ou en cesser les fonctions.*

§ 3. *Des droits des greffiers sur leurs charges.*

§ 4. *Des droits du fisc relativement aux offices des greffiers et au cautionnement de ces fonctionnaires.*

CHAPITRE III.

DES FONCTIONS DES GREFFIERS.

CHAPITRE IV.

DES ÉMOLUMENS DUS AUX GREFFIERS ET DES RÈGLES A SUIVRE POUR EN OPÉRER LE RECOUVREMENT.

CHAPITRE V.

DES FORMULES.

MANUEL

DES GREFFIERS

DES JUSTICES DE PAIX.

CHAPITRE PREMIER.

Nous divisons ce chapitre en trois paragraphes. Dans le premier, nous rappelons sommairement ce qu'étaient les greffiers avant la loi de 1816; dans le second nous disons ce que sont devenus aujourd'hui les greffiers des justices de paix; et le troisième est consacré à examiner les rapports qui peuvent ou doivent exister entre ces officiers et les juges près desquels ils siégent.

§ 1er. *Notions historiques.*

1. Il nous reste aujourd'hui peu de monumens de législation des peuples grecs; cependant il est certain que ces peuples avaient compris combien les fonctions de greffier étaient honorables, aussi n'admettaient-ils à les remplir que des personnes distinguées par leurs connaissances et par leur moralité. Chez les Romains, au contraire, nos maîtres en législation, les greffiers ne jouirent jamais de la

considération due à leur mérite et à l'importance de leurs fonctions; afin, dit Merlin, que leurs jugemens et arrêts ne coûtassent rien au public, ils chargèrent les esclaves appartenant au corps de chaque ville, de remplir les fonctions de greffier qu'on nommait indistinctement *scribœ* ou *tabularii*.

2. Plus tard, sous les empereurs, on chercha, mais avec peu de succès, à relever ces fonctions en les confiant aux officiers ministériels attachés aux présidens et gouverneurs de province, mais jusqu'au 12me siècle, ils paraissent n'avoir eu d'autres régles de leurs fonctions que le caprice de l'arbitraire féodal; en 1710 il n'y avait pas même encore de greffier en titre d'office, bien plus, le nom de greffier n'était pas connu dans les baillages, sénéchaussées, prévôtés et autres juridictions subalternes.

3. Les baillis, sénéchaux et autres juges faisaient remplir les fonctions de greffier par leurs *clercs*, d'où vient la qualification de *clergie*. Ils étaient aussi notaires (*garde-notes*) comme le prouvent nombre d'ordonnances où sont indistinctement employés les noms de clergie ou de notaires.

4. Les juges qui attachaient sans doute une minime importance aux fonctions de greffier allaient même jusqu'à la faire exploiter par leurs domestiques *de compte à demi*, ce qui ne contribua pas peu à jeter cet emploi dans une sorte d'avilissement. Sous Philippe-le-Bel enfin, cet abus fut réformé avec beaucoup d'autres. Une ordonnance de 1302 défendit à tous les justiciers de donner des commissions de greffier, et réserva au roi le droit d'en

ordonner, comme il le jugerait à propos, attendu que c'était un *droit royal*. Philippe-le-Long, en 1318, confirma cette ordonnance et les fonctions de greffier commencèrent à jouir de quelque considération.

Cependant dans une ordonnance de Philippe de Valois, du 11 mars 1344, on trouve que les greffiers du parlement ne portaient encore que le titre de notaires; et leur commission n'était donnée que pour un an, sauf à être renouvelée.

5. Les *notaires-greffiers* de service à la chambre des plaids *rédigeaient* les arrêts d'audience de peu d'importance, mais à l'égard des arrêts sur délibéré et sur appointement *ils recevaient l'arrêt tout rédigé* par le rapporteur et visé du maître ou président de la chambre.

6. Aux chambres des enquêtes il n'y avait pas de notaires-greffiers pour la rédaction, ni pour le dépôt des arrêts émanés de ces chambres; mais elles employaient chacune un notaire-greffier pour les autres opérations de la chambre telles que l'audition des témoins, les descentes sur lieux, etc.

7. Les notaires-greffiers ainsi que ceux de la grand'chambre étaient choisis par le parlement, les chambres assemblées ; ils prenaient le titre de notaires de la cour, *notarii curiœ*, et cumulaient ces fonctions avec celles de notaires pour le public; mais il leur était défendu de confondre les minutes; celles des arrêts et autres actes juridiques devaient être conservées dans un *cartulaire* particulier, pour être remises à la cour, par les notaires-greffiers, à l'expiration de leur commission.

8. En 1390 le titre de greffier n'était pas encore admis au Châtelet, ceux qui tenaient la plume n'avaient d'autres titres que celui de *clercs du greffe*. La dénomination de greffier était à cette époque concentrée dans le parlement ; quelquefois même, ils étaient désignés sous le titre de *registrateurs*. Comme on le voit par l'ordonnance de Charles V, du 28 janvier 1362. Mais on trouve aussi la dénomination de greffier employée dans une ordonnance de Charles V du mois de mars 1356 et dans l'ordonnance postérieure du même roi du 16 septembre 1364, où l'on rencontre cette phrase : *Le greffier du parlement fera mention du nom de l'avocat sur la plaidoirie duquel l'appointement aura été prononcé.*

9. Au reste cette dénomination de greffier après avoir jadis servi à désigner une position aussi infime était devenue si recherchée qu'il fut défendu par un arrêt du parlement, à qui que ce fût, de prendre cette qualité, s'il n'était greffier au parlement. Le greffier au parlement jouissait d'ailleurs de pleines exemptions et prérogatives, *à l'instar des membres de cette illustre compagnie*, il était choisi par la voie de l'élection, sa place était en grande considération et allait *de pair avec la magistrature.*

10. Dans les dix-huit premières années du 15me siècle, les frais de greffe et le salaire des greffiers étaient en entier à la charge du gouvernement, de manière que tous les actes quelconques, du ressort du greffe devaient être expédiés gratuitement aux

parties; mais alors les troubles qui survinrent dans l'état, et le délabrement des finances ne permettant plus au gouvernement d'acquitter cette dépense, les greffiers se virent obligés de faire supporter aux parties les frais d'expédition des actes du greffe.

11. Quand Charles VII s'occupa en 1454 d'une espéce de code judiciaire, on lui fit entendre que cette contribution levée par les greffiers sur les parties étant d'invention *bourguignonne*, ce serait faire une chose agréable au peuple que de le décharger d'un pareil impôt en rétablissant l'expédition gratuite. Charles goûta d'autant mieux cette réforme, fait remarquer un historien, qu'avec l'apparence d'un bienfait, elle impliquait le blâme et la censure d'un acte du gouvernement bourguignon.

C'est à ces circonstances et non, comme l'ont prétendu quelques auteurs, à l'exagération des frais du greffe payés alors, qu'il faut attribuer l'origine de l'art. 7 de l'ordonnance de 1451 ainsi conçu :

« Nous, voulant préserver nos subjects de tous frais et mises déraisonnables, et régler lesdits greffiers au *train et ordre anciens*, avons ordonné et ordonnons que lesdits greffiers civil et criminel ne prendront et exigeront dorénavant des parties qui auront affaire en notre dite cour, or, argent, *ni autre chose quelconque*, pour leur bailler et délivrer les arrêts et jugemens d'icelle cour, dont, de tout temps et ancienneté et auparavant l'édit de 1418, les greffiers qui lors étaient n'avaient accoutumé aucune chose prendre ni exiger, et ce leur enjoignons sous peine de privation d'office et d'amende arbitraire. »

12. Le greffe du parlement continua à augmenter en grandeur et en considération depuis 1450 jusqu'en 1550. Henri IV mit le sceau à cette splendeur en érigeant *en titre* d'offices les greffes, par son édit du 5 janvier 1596. Les greffiers du parlement de vinrent alors décidément des quasi-magistrats, partageant à juste titre avec le parlement le respect et la confiance du peuple.

13. Depuis cet édit il a été créé un grand nombre d'offices de greffier, et ces offices, ainsi que les droits qui y étaient attachés, ont subi toutes les variations de nos commotions politiques.

14. Enfin la loi du 24 août 1790, qui vint créer une nouvelle organisation judiciaire, voulait que les greffiers des tribunaux de district fussent nommés au scrutin et à la majorité des voix, par les juges qui leur délivreraient une commission et recevraient leur serment, et qu'il y eût en chaque tribunal, un greffier âgé au moins de vingt-cinq ans, lequel serait tenu de présenter aux juges et de faire admettre, sous sa propre responsabilité, au serment un ou plusieurs commis, également âgés au moins de vingt-cinq ans, en nombre suffisant pour le remplacer en cas d'empêchement légitime. Ces greffiers étaient nommés à vie et ne pouvaient être destitués que pour cause de prévarication jugée.

15. Cet ordre de choses subsista tant que durèrent les tribunaux de district; la constitution du 5 fructidor an 3 leur ayant substitué les tribunaux ci-

vils de département, l'organisation des greffes subit les conséquences de l'application des idées nouvelles; la loi du 19 vendémiaire au 4, en maintenant à peu près les dispositions de la loi de 1790, relatives aux commis-greffiers, voulut que le greffier de chaque tribunal civil, correctionnel et de commerce fût nommé par le tribunal près lequel il exerçait et le déclara révocable par le tribunal qui l'aurait institué.

16. Dans les cours de justice criminelle, suivant la loi du 19 mai 1791 renouvelée par celle du 16 septembre suivant, § 2, tit. 2, art. 5, les greffiers de ces cours devaient être élus à vie par les assemblées électorales de département.

17. La constitution du 5 fructidor an 3 conserva aux assemblées électorales le droit de les nommer, mais elle ne fixa point la durée de leurs fonctions la loi du 21 nivôse an 6 suppléa à son silence en déclarant que les greffiers des tribunaux criminels seraient élus pour quatre ans et pourraient toujours être réélus.

18. Les offices des greffiers des justices de paix et des tribunaux de police ont suivi le sort des offices de greffiers des juridictions supérieures Voici ce qu'avaient réglé successivement les lois antérieures à l'an 8 :

Celle du 24 août 1790 voulait, tit. 9, art. 5, que chaque juge de paix commît un greffier, reçût son serment et ne pût le destituer.

Celle de floréal an 2 ôta aux juges de paix la no-

mination de leurs greffiers et la transféra aux conseils généraux de districts.

La loi du 21 fructidor an 3 subrogea en partie
aux conseils généraux de districts les administra-
tions municipales du canton.

Celle du 28 frimaire an 5 rendit aux juges de
paix le droit de nommer leurs greffiers et y ajouta
celui de les destituer.

Enfin, la loi du 27 ventôse an 8, promulguée
dans un temps où les idées d'ordre et de hiérarchie commençaient à reparaître à la suite de nos
tourmentes révolutionnaires, vint établir sur tout
cela une règle uniforme pour tous les tribunaux.
Les greffiers de tous les tribunaux, porte-t-elle,
art. 92, seront nommés par le premier consul qui
pourra les révoquer à volonté. La charte de 1814
et celle de 1830, en attribuant au roi la nomination
dans les offices judiciaires, a sanctionné le principe
de la loi de ventôse.

§ 2. Ce que sont aujourd'hui les greffiers des
justices de paix.

19. De toutes les fonctions qui entrent dans l'ordre de l'administration de la justice, il n'y en a
point, dit Domat, qui soient autant liées aux fonctions de juges que celles des greffiers ; car ils doivent écrire ce qui a été dicté par les juges ou prononcé par eux, et demeurer dépositaires des arrêts, jugemens et autres actes qui doivent subsister,
et en délivrer des expéditions aux parties. C'est

leur seing qui fait la preuve de la vérité de ce qu'ils signent. Ainsi, après les fonctions des juges celles des greffiers sont les premières dans l'ordre de l'administration de la justice. *Droit public*, liv. 2, tit. 5, sect. 1.

20. Ces principes ont été reconnus et confirmés par les lois nouvelles qui ont voulu que les greffiers ne pussent recevoir leurs commissions que des souverains. Aussi les chartes de 1814 et de 1830 ont-elles disposé que ces officiers devaient être nommés par le roi, et depuis la loi du 28 avril 1816 leur emploi est une charge susceptible d'être transmise ainsi que nous l'expliquerons ci-après au § 3 du chapitre suivant.

21. Tout jugement, toute sentence doivent être signés du juge et du greffier (C. proc., art. 18 et 138) ; les greffiers sont expressément chargés d'écrire, conserver et expédier les actes du juge, qui doit toujours être assisté d'eux (C. pr., art. 1040) ; ils font partie essentielle du tribunal ou de la cour près laquelle ils ont été nommés (décret du 30 mars 1808, art. 91) ; ils prennent rang immédiatement après les magistrats, et les jugemens rendus sans leur assistance sont nuls (décret du 20 avril 1810 et deux arrêts de cassation du 17 février 1819 et 11 juin 1835) ; enfin un juge ne peut exercer les fonctions qui lui ont été déléguées par la loi qu'avec l'assistance du greffier. qui doit constater tout à la fois que les actes rédigés ont été faits, et qu'ils l'ont été avec toutes les formes nécessaires pour leur validité. ANNALES des juges de paix, vol. de 1836, no 379.

22. M. Carré a prétendu que les greffiers étaient des officiers ministériels ; le précis historique qui forme la première subdivision de ce chapitre et l'énumération que nous venons de faire des droits qui leur appartiennent ne nous permettent pas d'embrasser cette opinion. D'ailleurs, toutes les fois que nos lois s'occupent simultanément des greffiers et des officiers que nous venons de nommer, elles se sont servi, pour la rubrique des titres sous lesqnels elles traitent ce qui les concernait les uns et les autres, de cette énonciation : *des greffiers et des officiers ministériels ;* or la particule conjonctive *et* qui lie les deux expressions n'indique-t-elle pas que toujours l'intention du législateur a été d'exprimer deux idées, d'indiquer deux sortes de fonctionnaires ? Il est difficile de le nier, à moins de soutenir que l'omnipotence de nos législateurs ne relève pas même de la grammaire française. D'un autre côté, nous ne concevrions pas que les greffiers pussent accumuler la qualité de membre d'un tribunal avec la soumission, la dépendance auxquelles les officiers ministériels sont assujettis. M. Dalloz, Vo *Organisation judiciaire,* et Bioche, *Dictionnaire de procédure,* t. 3, p. 187, ont adopté l'opinion que nous venons de soutenir.

23. Ces fonctions sont donc importantes et graves. Et à quel degré hiérarchique qu'appartienne un tribunal dans l'ordre judiciaire, il faut dans celui qui remplit près de ce tribunal les fonctions de greffier une capacité intelligente, une instruc-

tion spéciale et une probité au dessus de toute atta-
que et de tout soupçon.

24. Il n'y a pas d'exception à ces règles, et cependant quelques auteurs ont voulu en créer une
au détriment des greffiers des justices de paix en
prétendant les assimiler en quelque sorte à des
clers, à des scribes obligés comme des commis d'o-
béir à tous les caprices, à tous les ordres du juge
de paix, de le suivre dans toutes les opérations
auxquelles il lui plairait de se livrer. Ils se fon-
daient pour soutenir cette opinion sur ce que les
différentes prescriptions légales intervenues depuis 1790 désignent presque toujours ces officiers
publics par ces mots : *greffiers des juges de paix ;*
c'était là une pitoyable raison, et le bon sens de nos
magistrats de paix a fait justice d'un système qui ne
tendait qu'à déprécier leur tribunal en ravalant
l'un de ses principaux soutiens ; il se sont rappelé
qu'il fallait faire la part des souvenirs, des habi-
tudes du législateur, et ne pas attacher d'importance aux mots quand les choses avaient complète-
ment changé.

25. En effet, nous avons vu que sous l'empire
de la loi de 1790 les juges de paix pouvaient instituer un greffier ou s'en passer, le révoquer à
volonté, enfin disposer de cette fonction comme
d'une chose qui leur était propre et selon leur bon
plaisir ; il pouvait convenir alors de les appeler
greffiers des juges de paix ; mais du moment que
revenant aux vrais principes la loi eut décidé que
la nomination du greffier était un acte de l'auto-

rité souveraine, le *caractère* du greffier de paix fut complétement changé, et si par inadvertance les rédacteurs du code de procédure notamment se sont servi de ces expressions *greffiers des juges de paix*, la lecture des procés-verbaux des discussions prouve incontestablement que cela est sans importance, et ne peut rien préjuger contre l'état actuel de la législation et la pratique constante de la jurisprudence.

26. Cependant s'il est vrai que relativement à leur position sociale les greffiers de paix sont placés au niveau des greffiers des autres tribunaux, il n'est malheureusement que trop vrai que lorsque le gouvernement a entouré de sa sollicitude et pourvu de positions indépendantes les greffiers des cours royales, des tribunaux de première instance et de commerce, il a laissé pécuniairement ceux des justices de paix dans une condition onéreuse pour eux et hors de proportion avec les fonctions qu'ils exercent. Un traitement fixe de 266 fr. 66 c. et un casuel dont la moyenne pour les cantons ruraux ne va pas au-delà de 200 fr. , tel est à peu-près le produit annuel de leurs offices !.... N'a-t-on pas droit d'espérer que le pouvoir, cédant enfin à une nécessité impérieuse, fera cesser un dénuement aussi affligeant que nuisible ? Il le doit d'autant plus que la loi interdit aux greffiers toutes autres professions libérales, ainsi que nous le verrons ci-après chap. 2, § 1er.

27 Depuis plusieurs années les conseils généraux des départemens et les chambres législatives

se sont émus de l'état d'abandon dans lequel on laisse cette magistrature populaire et de famille ; des pétitions ont été adressées aux chambres, et les commissions nommées pour les examiner ont été unanimes pour reconnaître la justice de leurs demandes et combien leur position est digne de sollicitude. Dans les années 1836, 1837 et 1840, les rapporteurs motivèrent le renvoi des pétitions tant à M. le ministre de la justice qu'à diverses commissions. Dans la session de 1842, à la suite de diverses pétitions présentées par nos soins, elles ont également été renvoyées à l'examen du ministre qui a promis de s'occuper enfin de faire cesser un mal qui dure depuis trop longtemps. Espérons que bientôt enfin l'étrange anomalie que nous signalons disparaitra pour faire place à de plus équitables rétributions.

28. On avait pensé, dit-on, qu'avant d'apporter aucun remède il fallait faire l'expérience de la loi du 25 mai 1838 qui a augmenté les attributions des juges de paix ; qu'il nous soit permis de faire observer que cette expérience, qui dure depuis près de cinq ans, n'a eu d'autre résultat que de constater que les espérances d'amélioration en faveur des greffiers ont été vaines ainsi que le prouve le compte rendu par MM. les juges de paix en 1839, 1840 et 1841 sur l'invitation de M. le procureur général.

29. Il y a déjà longtemps que M. Carré dans son *Cours de droit français appliqué aux justices de paix*, s'est étonné de ce qu'aucun des gouverne-

mens qui se sont succédé depuis 1790 n'eût rien fait pour une classe de fonctionnaires si éminemment utiles. Quant à nous, nous sommes d'autant plus frappé de cet oubli que l'on a successivement élevé le tarif des greffiers des tribunaux de première instance et de commerce, suivant la progression de leurs attributions. Indépendamment du traitement fixe de 800 francs que touchent les greffiers des tribunaux de commerce, et des droits nombreux qui leur sont accordés soit par la loi du 21 ventôse an 7 (11 mars 1799), soit par le décret du 12 juillet 808, une ordonnance royale de 1819 et une loi de 9 octobre 1825 les ont pourvus d'un tarif uniforme modelé sur les actes de leur ministère et gratifié de droits nouveaux touchant la rédaction des jugemens, les procès-verbaux et les diverses formalités qu'ils ont à remplir.

30. Quant aux greffiers des tribunaux de première instance, l'ordonnance du 10 octobre 1841 a pourvu largement à toutes les modifications à faire à leur tarif par suite des changemens apportés au Code de procédure sur les ventes judiciaires des immeubles.

31. Nous sommes loin de critiquer ces améliorations apportées dans la position d'honorables et laborieux fonctionnaires, mais en présence de cette sollicitude pour les juridictions intermédiaires nous ne pouvons nous empêcher de rappeler qu'on n'a rien fait, absolument rien pour améliorer la position si difficile et si malheureuse des greffiers des justices de paix. Un instant le gouver-

nement de la restauration, touché des plaintes qui s'élevaient de toutes parts, voulut leur confier exclusivement les prisées et les ventes ; puis ce projet, qui n'aurait pas grandement changé la position des greffiers, fut aussi abandonné. D'un autre côté la loi du 22 mars 1831 sur la garde nationale a fait le juge de paix président du jury de révision, et le greffier l'assiste ; la loi du 21 mai 1836 sur les chemins vicinaux a chargé le juge de paix de régler à l'amiable et sur le rapport d'experts l'indemnité due aux propriétaires riverains ; la loi du 20 mai 1838 concernant les vices rédhibitoires attribue aux juges de paix la nomination des experts qui doivent constater ces vices : autant de surcroît d'occupations pour le greffier ; enfin et surtout la loi du 25 mai 1838 a augmenté sous une infinité de rapports les attributions des juges de paix, et les greffiers, quoique surchargés par les diverses extensions de compétence, n'en sont pas moins restés dans les conditions du tarif du 16 février 1807 que l'on sait être si parcimonieux et si incomplet.

32. Cependant avec leurs minces honoraires et leur modique traitement, les greffiers sont obligés de conserver une certaine position sociale que leur dignité, leur caractère exige et que leurs fonctions leur procurent dans les petites villes ; il faut qu'ils subviennent à leurs frais personnels, aux menues dépenses du prétoire, qu'ils tiennent également à leurs frais un grand nombre de registres, et que souvent même ils fournissent le

local où le greffe se trouve placé. Car il est rare que les villes ou les communes chefs-lieux puissent fournir le local, quoique la loi du 26 frimaire an 4 et l'arrêté du 28 brumaire an 6 leur en fasse une obligation.

33. Un tarif rigoureux a fixé le travail des greffiers des justices de paix à vil prix ; la pensée qui l'a inspiré, les motifs qui l'ont dicté ont cessé d'être, et cependant il subsiste toujours contre eux avec ses désastreuses conséquences. La lettre de ces lois a survécu à leur esprit ; à l'époque où elles furent rendues la valeur et le prix des choses nécessaires à la vie n'étaient pas ce qu'ils sont aujourd'hui. Cette considération surtout a motivé en 1838 l'augmentation de la compétence des juges de paix en doublant le taux du premier et du dernier ressort dans les matières purement personnelles et mobilières. Pourquoi donc ne pas appliquer alors au greffier le bénéfice d'une modification que tout le monde proclamait nécessaire ? Tous les auteurs qui se sont occupé de cette matière se sont adressé cette demande, et cependant on n'a encore rien fait.

34. Il semble au contraire que depuis cinquante ans les bénéfices des greffiers des justices de paix ont diminué successivement, en raison directe de l'augmentation de leur charge et de leur responsabilité. On a dit, pour repousser les réclamations des greffiers, qu'ils n'avaient pas le droit de se plaindre ; qu'acquéreurs de leurs charges, ils se trouvaient dans les conditions du contrat qu'ils

avaient passé, qu'ils en subissaient les conséquences; mais, outre que d'année en année le
travail imposé aux greffiers des justices de paix
augmente *sans émolument*, ce qui est une charge
sur laquelle les acquéreurs n'avaient pas dû comp
ter; il est aussi vrai de dire que le nombre des
jugemens diminue, que les juges de paix, com-
prenant de plus en plus qu'ils sont avant tout magistrats de conciliation, parviennent chaque jour à
arranger un plus grand nombre d'affaires, et d'ailleurs la dignité de la justice, l'honneur de ceux qui
y sont préposés ne réclament-ils pas que des officiers honorables, *membres des tribunaux*, ne
soient pas réduits à vivre dans le besoin, et les plus
simples règles d'équité ne commandent-elles pas
que la rétribution soit mesurée sur leurs peines
et sur leur responsabilité?

35. On a dit encore, car que ne dit-on pas?...
que l'insuffisance des produits des greffes prove-
nait uniquement du prélévement que les greffiers
sont obligés de faire sur leurs revenus de l'intérêt
représentatif du capital de leur acquisition; mais
que l'on suppose un instant que les greffiers reçoivent leurs *charges à titre gratuit*, le produit
d'un greffe, qui dans les cantons ruraux n'est que
de quatre à cinq cents francs, suffira-t-il encore
pour pourvoir à leur dépense et à celle de leur
famille?

Traitement des greffiers des justices de paix.

Paris. . . . . 800 f. 00
Villes de 100,000 habitans. . , ... 500   33
  —   50,000 habitans et au dessus. 400   00
  —   30,000 habitans et au dessus. 333   33
Partout ailleurs. 266   66

Ces traitemens, fixés par les lois des 8 ventôse et 12 prairial, n'ont jamais été modifiés depuis.

36. Enfin on craint, dit-on toujours, que les titulaires actuels, s'ils étaient dotés d'un tarif moins ingrat ne fissent finance de leurs charges, et qu'alors ceux qui les remplacerait ne se trouvassent fondés, vu le prix considérable qu'ils auraient déboursé, à présenter les mêmes plaintes; on comprend qu'une pareille objection se ferait dans tous les cas possibles, et par là même elle est réfutée. En effet, une fois que le produit des greffes sera élevé à un taux raisonnable, une fois que ce produit pourra les faire vivre, l'état pourra dédaigner ces plaintes, car il aura rempli ses obligations, et aujourd'hui il ne les a pas remplies.

37. En désespoir de cause on a objecté, que si l'on élevait le tarif des greffiers, leurs vacations ou honoraires se trouveraient dans plusieurs cas supérieurs aux vacations ou honoraires des juges de paix. Il n'est point dans notre intention d'établir un parallèle entre la position des greffiers et celle des juges de paix. Ceux-ci ont, en général, *une*

fortune suffisante. Cette magistrature est souvent pour eux, après de longs services, une retraite assurée pour leurs vieux jours ; et puis, à part cette considération, l'objection doit-elle être un obstacle à la réparation d'une grande injustice ?

38. Deux moyens se présenteraient, selon nous, pour satisfaire aux réclamations des greffiers de paix, et nous croyons qu'il serait bien de les employer simultanément : le premier consisterait à élever le traitement des greffiers, le second à modifier en leur faveur le tarif qui les concerne. Ce serait là le moyen de ne pas faire tomber sur les justiciables une augmentation de frais qui, sans être considérable, pourraient cependant porter atteinte à la nature de la justice de paix, qui avant tout doit être peu dispendieuse.

3 *Des rapports des greffiers avec les juges de paix.*

39. En thèse générale le greffier doit assister le juge de paix toutes les fois qu'il en est requis par ce dernier dans l'exercice de ses fonctions ; toutefois il y a pour l'application de ce principe une distinction qu'il est essentiel de ne pas oublier.

40. Les lois d'institution et d'organisation du tribunal de paix avaient fait de ce juge un fonctionnaire purement judiciaire ; mais plusieurs lois rendues depuis l'époque de cette institution ont chargé ce magistrat d'un grand nombre d'attributions qui sous certains rapports en font un membre

de la hiérarchie administrative. Or toutes les fois qu'il agit en cette qualité il ne peut réclamer l'assistance du greffier : en effet ce dernier doit obtempérer aux réquisitions du juge, mais c'est seulement à cette qualité, à ce caractère qu'il doit obéissance ; quand cette qualité n'existe plus, quand ce caractère sommeille aucun lien n'existe plus entre eux. Le greffier est le complément du tribunal et non le secrétaire de l'homme qui le compose ; sans aucune affinité avec l'ordre administratif, il n'appartient pas plus au juge de paix d'étendre ou de restreindre la circonscription dans laquelle il exerce qu'il ne serait permis au greffier d'entreprendre sur les pouvoirs du juge.

41. Le juge de paix, seul responsable des décisions qu'il prend lorsqu'il est sur son siège de magistrat, peut exercer d'une manière absolue le droit qu'il a de libeller les jugemens dans les termes qu'il lui plaît de choisir ; mais quant à la rédaction des autres actes pour lesquels il doit assistance au juge, nous dirons avec **M. Rauter**, *Cours de Procédure civile*, no 73, que le greffier est responsable de la véracité des procés-verbaux ou actes, et que, quant à leur tenue, il est indépendant du juge ; que par conséquent il ne doit pas attester, sur l'ordre qu'il recevrait de lui, un fait qui serait inexact ou dont il n'aurait aucune connaissance ; mais qu'il doit se borner à en donner acte aux parties.

42. Les fonctions du greffier, comme celles du juge, convergent au même but ; elles doivent tendre exclusivement à la meilleure administration de

la justice, et dans cette mission toute honorable l'un et l'autre doivent payer leur tribut d'intelligence, de soins et d'intégrité.

43. Nous devons dire toutefois qu'en prescrivant la réunion du juge de paix et du greffier pour l'accomplissement des actes du tribunal, la loi n'a pas entendu créer deux autorités rivales ; et que le greffier doit, toutes les fois qu'il le peut sans blesser les lois, déférer aux ordres du magistrat à qui en dernier résultat la prééminence doit toujours appartenir par la nature même des choses ; c'est ce que nous expliquerons plus au long au chapitre 3 en traitant des fonctions des greffiers des justices de paix.

Mais si, oubliant les règles de conduite que nous venons de tracer, le greffier s'écartait des devoirs de son état, quelle autorité pourrait le punir, lui appliquer les peines de discipline qu'il aurait encourues ?

Sur ce point il faut distinguer si le délit a été commis à l'audience ou hors de l'audience.

Dans le premier cas, lorsque le délit est commis à l'audience, nul doute que le juge de paix ne puisse, usant du pouvoir qui lui est conféré par les art. 10 et 11 du Code de procédure, condamner le greffier à une amende qui pourra s'élever jusqu'à 10 fr. et à un emprisonnement de trois jours au plus ; car un juge a, pendant l'audience publique et toutes les fois qu'il est sur son siége, les pouvoirs les plus étendus pour la répression des délits commis dans son prétoire. Il importe peu d'ailleurs que ce soit plutôt une partie intéressée, un simple auditeur, un avocat, un greffier, un avoué, un huissier qui se montre offensif; car le législateur n'a pas fait de distinction, et on ne voit pas pourquoi le juge de paix ne pourrait pas en cette circonstance prendre des mesures disciplinaires contre le greffier qui se permettrait quelque infraction aux règles qui sont prescrites à tous les assistans. Il suffit que la tranquillité de l'audience soit troublée, que l'autorité judiciaire soit méconnue, qu'une inconvenance, une injure s'adressent au juge sur son siége, pour qu'il ait le droit de faire usage du pouvoir censorial; mais là s'arrêtent les pouvoirs des juges de paix. Quelques auteurs ont professé la doctrine qu'un tribunal pouvait dans certains cas prononcer la destitution des greffiers de leurs siéges, et ont voulu ensuite appliquer cette doctrine aux greffiers des justices de paix. Nous répondrons d'abord que, en matiére de pénalité, on ne peut jamais procéder par voie d'analogie, et que l'art 90 du C. de proc qui dispose que lorsque le trouble apporté à l'audience est causé par un individu remplissant une fonction près le tribunal, il pourra être suspendu de ses fonctions, ne concerne que les espéces qu'il a prévues, c'est à dire le cas d'indiscipline encourue par les greffiers de premiére instance, et de plus nous croyons qu'on devrait d'autant moins accorder au juge de paix le droit de destituer le greffier de sa juridiction que la jurisprudence a reconnu et proclamé aujourd'hui que la destitution d'un greffier n'est possible que lorsqu'elle vient accessoirement à l'action principale.

44 Un arrêt rendu le 16 mai 1806 par la cour de cassation et cité par tous les arrètistes, a déterminé à ce sujet la ligne de démarcation qu'il convient de suivre. Dans l'espèce de l'arrêt, le greffier avait contrevenu à la disposition législative qui énumère les lignes et les syllabes de chaque rôle d'expédition, le ministère public l'avait traduit en justice afin qu'on le déclarât concussionnaire, et la cour décida qu'il résultait des faits déclarés constans qu'il y avait lieu à l'application des peines portées par l'art. 23 de la loi du 21 ventôse an 7, combiné avec l'art. 5 de la loi du 22 prairial suivant : que la destitution prononcée par la loi de l'an 7 *étant ordonnée comme une peine de la contravention prévue par cette loi*, elle pouvait être prononcée par le tribunal, juge de cette contravention ; qu'une telle peine était *indépendante* du droit de révocation, que la loi du 27 ventôse an 8 attribue à l'autorité à laquelle elle confère ce droit de révocation.

45. Dans les affaires de simple police, ou le tribunal du juge de paix est complété par le commissaire de police ou par le maire ou son adjoint faisant fonctions de ministère public, les motifs qui exigent que dans les causes civiles l'ordre ne soit pas troublé, que le chef de l'audience ne puisse être impunément offensé ou injurié, se recontrent ici avec le même degré d'actualité. Si le juge est le régulateur de la justice distributive, l'officier qui, dans l'intérêt de la vindicte publique, requiert l'ap-

plication des lois n'est-il pas le dépositaire de fonctions tout aussi recommandables? Il est l'image du pouvoir exécutif, son délégué; par conséquent il a droit à un égal respect, aux mêmes témoignages d'estime, et le juge de paix devrait faire usage de son pouvoir censorial pour réprimer les atteintes qui seraient portées à sa considération et qui tendraient à l'empêcher d'exercer les droits que la loi lui confère.

46. Quelle que soit la faute d'audience, pourvu qu'elle soit contraire à l'ordre, attentatoire à la dignité du juge, de l'officier de police judiciaire, le juge peut sévir. Si le pouvoir censorial s'exerce contre le greffier, celui-ci est aussitôt, mais accidentellement, dépouillé de ses fonctions. Par une prérogative que le magistrat de paix tient de la loi, il appelle de suite et d'office un greffier qui doit compléter son tribunal et l'assister dans tout ce qu'il fera à peine de nullité.

47. Quant aux faits de discipline qui peuvent être reprochés au greffier en dehors de la police de l'audience, lorque par exemple ces officiers compromettent la dignité de leur caractère dans leurs actions publiques ou privées, le juge de paix n'a aucune puissance pour les réprimer. Les greffiers ne sont dans ce cas justiciables que des tribunaux ordinaires comme les autres citoyens, lorsque les faits qui leur sont reprochés constituent des crimes, des délits ou des contraventions.

48. La loi du 20 avril 1810 qui, dans son art. 62 charge les présidens des cours et tribunaux d'aver-

tir, de réprimander et de dénoncer au besoin au ministre de la justice les greffiers de leurs tribunaux respectifs, ne s'applique pas aux justices de paix. Ainsi, un juge de paix blessé par l'irrévérence, le défaut d'égards et de respect du greffier, à moins qu'il ne s'agisse de police d'audience, s'il croit que l'inconduite de ce fonctionnaire exige la censure, la réprimande, la suspension et qu'un avertissement donné avec calme ne suffise pas, ne doit prendre que la voie de la dénonciation, instruire le ministére public et attendre les résultats. Tout moyen coërcitif de sa part serait un abus d'autorité, un excés de pouvoir, qui à son tour, indépendamment de sa nullité, mériterait une censure amére et le rappel à l'ordre.

49. En finissant ce chapitre nous ajouterons qu'en prescrivant la réunion du juge de paix et du greffier pour l'accomplissement des actes du tribunal, la loi n'a pas dû élever ces deux fonctionnaires au même degré de pouvoir; car il a fallu instituer un chef, former une hiérarchie sous peine de vicier l'essence du tribunal de paix; qnand plusieurs sont réunis pour agir en commmun, pour tendre au même but, il est nécessaire que la prépondérance soit, en cas de dissentiment, attribuée à l'un d'eux; autrement la discorde, qui ne manquerait pas d'envahir le corps ainsi constitué, lui enleverait tout moyen d'action, le paralyserait entièrement. Nous croyons donc pouvoir résumer ainsi ce que nou venons de dire dans cette section. La prééminence appartient toujours au juge de paix, lorsqu'il pro-

cède assisté du greffier dans l'étendue de ses fonctions, mais ce juge doit à l'intérêt de sa propre dignité, d'avoir toujours pour le greffier de sa juridiction, les égards qu'il ne saurait oublier sans s'exposer lui même au blâme et à la censure.

50. Les greffiers des justices de paix comme ceux des autres juridictions, portent, dans l'exercice de leurs fonctions, une toge de laine à manches larges, avec la toque et la cravate pareilles à celles des juges, et sous aucun prétexte ils ne sauraient refuser aux juges de paix de se revêtir de ce costume toutes les fois que lui-même revêt les insignes de sa dignité pour exercer ses fonctions.

5'. Les greffiers ont la faculté, ainsi que nous expliquerons cela plus loin, d'avoir des commis assermentés par lesquels ils peuvent se faire remplacer non seulement à l'audience, mais encore, toutefois sous leur propre responsabilité, dans toutes leurs autres fonctions. Les rapports qui peuvent exister entre ces commis et les juges de paix doivent être soumis aux régles que nous venons de rappeler, car ces commis-greffiers, quoique officiers publics soumis aux mêmes conditions d'âge et de prestation de serment que les greffiers eux-mêmes, sont sous la dépendance absolue des greffiers, qui peuvent les révoquer à volonté.

CHAPITRE II.

DE LA NOMINATION DES GREFFIERS ET COMMIS-GREFFIERS ET DE LA CESSATION DE LEURS FONCTIONS.

Ce chapitre contient quatre paragraphes: le 1er traite des qualités requises pour être greffier, le 2e des formalités que chaque candidat doit remplir pour être nommé greffier ou en cesser les fonctions ; dans le 3e nous examinons quels sont, dans l'état actuel de la législature, les droits des greffiers des justices de paix sur leurs charges; et enfin le 4e est consacré à l'examen des diverses questions relatives aux droits des tiers sur les offices des greffiers et les cautionnemens de ces officiers publics.

§ 1er. *Des qualités requises pour être greffier ou commis-greffier.*

52. Les greffiers des justices de paix sont ainsi que nous l'avons dit plus haut, nommés par le roi, sur la présentation qui lui est faite par le ministre de la justice.

53. Pour être greffier il faut être âgé de 25 ans, citoyen français, jouir des droits civils et avoir satisfait à la loi sur le recrutement. (L. 16 ventôse an 2 et 25 mars 1832, art. 2 et 48.) Ces dispositions sont de rigueur et l'on n'obtient jamais de dispenses; la loi n'en autorise pas et la chancellerie n'en admet plus.

54. La loi exige des greffiers des cours royales qu'ils soient licenciés et aient suivi le barreau pendant deux ans, mais aucune étude préliminaire, aucune condition particulière de capacité, aucun stage ne sont demandés pour être admis aux fonctions de greffier dans les autres juridictions.

55. Cependant il existe à la chancellerie, certaines régles dont on ne se départ guère, et l'on refuserait certainement de nommer un greffier que le procureur du roi jugerait et proclamerait incapable ou qui ne paraîtrait pas présenter les garanties désirables d'aptitude ou de moralité.

56. Pour arriver à connaître le plus ou moins d'intelligence et de savoir des postulans, plusieurs instructions ministérielles ont chargé le procureur du roi de leur faire subir un examen relativement aux principales connaissances qui leur sont nécessaires et de mentionner dans l'envoi des piéces le résultat de cet examen.

57. Les greffiers ne doivent pas être parens ou alliés du juge de paix prés duquel ils doivent siéger jusqu'au degré d'oncle ou de neveu inclusivement, car la loi du 20 arril 1810 dispose, art. 63, que les parens ou alliés, jusqu'à ce degré, ne peuvent être simultanément membre d'un tribunal composé de moins de huit juges, soit comme officiers du ministère public, soit comme greffiers, et l'on ne concevrait guère comment les raisons, qui ont fait proclamer cette incompatabilité, cesseraient de militer au moment où elles ont le plus de forces et où leur application est le plus nécessaire.

58. Il est de principe que lorsque la loi exige le concours de plusieurs personnes pour la confection d'un acte chargées de se surveiller mutuellement, elles ne doivent pas se confondre ou s'identifier en quelque sorte par la parenté ou l'alliance ; cette règle a lieu notamment à l'égard des notaires et témoins instrumentaires, à plus forte raison doit-elle être suivie pour les juges ?

59. Il est vrai que la loi du 20 avril 1810 ne parle point des justices de paix ; mais aux puissantes raisons d'assimilation que nous trouvons ici, il faut ajouter que l'art. 4 de la loi du 27 mars 1791 interdisait formellement aux juges de paix de choisir leurs greffiers parmi leurs parens jusqu'au troisième degré, et que si aujourd'hui le mode de nomination des greffiers des justices de paix est changé, l'incompatibilité prononcée n'a pas été proscrite. Tel est aussi le sentiment de MM. Favard de l'Anglade, *Rép.* V° *Incompatibilité* ; Carré, *Droit français*, t. 1, p. 241 ; Dupin, *Coll. des lois*, t. 1, p. 69.

60. Cette prohibition de parenté, entre le juge de paix et le greffier, doit être prise en considération lorsque le siége est occupé par un suppléant dont la mission ne consiste, aux termes de l'art. 3 de la loi du 29 ventôse an 9, qu'à remplacer le juge de paix toutes les fois qu'il est empêché. C'est du moins ce que décide une circulaire du ministre de la justice du 27 octobre 1832.

61. Un greffier qui assiste le juge de paix quand il siége comme juge de police peut conserver ses fonctions, bien qu'il soit parent au troisième degré du commissaire de police. Ce dernier représente le ministère public près de ce tribunal (C. inst. crim., 141), mais aucune loi ne déclare qu'il en fait partie. Dès lors l'incompatibilité générale, établie par l'art. 63 de la loi du 20 avril 1810, ne reçoit pas d'application à ce cas particulier. Voy. en ce sens une décision du ministre de la justice du 19 mai 1834.

62. Un greffier ne peut tenir deux offices, et dans la commune où il existe un tribunal de police distinct de la justice de paix, le greffier de l'une des justices de paix ne saurait être en même temps greffier de ce tribunal, car l'art. 142 du code d'instruction criminelle exige que le tribunal de police ait dans ce cas un greffier particulier.

63. Un greffier ne peut être ni préfet, ni sous-préfet, ni maire, ni adjoint (L. du 21 vendém. an 3 et du 21 mars 1841), ni remplir aucunes fonctions d'officiers ministériels, à l'exception de celles de commissaires-priseurs pour lesquelles la loi du 26 juin 1816 a fait une exception; ni être membre, à quelque titre que ce soit, d'un tribunal civil ou de commerce (L. du 20 mars 1791, 24 vendémiaire an 3, 24 messidor an 5 et 25 ventôse an 2), ni être secrétaire d'une mairie, d'un conseil de préfecture ou de sous-préfecture, ni membre d'une administration forestière, ni receveur d'enregistrement ou des contributions indirectes, ni employé dans le service des postes, douanes et messageries, ni remplir aucune fonction sujette à comptabilité judi-

diciaire (Décis. min. du 19 mars 1825), ils ne pourraient davantage être juré (C. inst. crim., art. 83), et la loi du 21 mai 1831 le dispense du service de la garde nationale.

64. Enfin il ne peut être instituteur primaire communal, ni clerc de notaire, d'avoué, ni tenir auberge, cabaret, café, tabagie ou billard, le ministre de la justice considérant que l'exercice de ces professions pourrait blesser les convenances judiciaires et compromettre la dignité, le caractère du greffier s'est toujours cru autorisé, dans le silence de la loi, à enjoindre aux greffiers qui voulaient les exercer avec leurs fonctions publiques, de se renfermer dans ces dernières. ANNALES *de la science des juges de paix,* vol. de 1842, p. 245.

65. La loi du 11 septembre 1790 qui interdit le cumul des fonctions ecclésiastiques avec toutes les autres, doit s'appliquer sans contredit aux greffiers; nous ferons toutefois observer qu'il faut, pour que l'incompatibilité existe, que l'état ecclésiastique soit réellement exercé; car ce n'est pas la qualité, c'est la fonction qui la crée. Nous en dirons autant de l'ordonnance du 20 novembre 1822, relativement à la profession d'avocat.

66. C'est pourquoi rien ne s'oppose à ce qu'un ancien avoué, un ancien notaire, s'il remplit du reste toutes les conditions d'aptitude, puisse exercer une charge de greffier; mais pourrait-il insérer cette qualité d'ancien officier ministériel dans le protocole des actes de son ministère? Pour la négative, on se fonde sur une décision du ministre de

la justice du 25 novembre 1828, aux termes de laquelle le ministre aurait décidé que cette énonciation n'est pas permise, parceque les actes ne doivent contenir que les énonciations *nécessaires* et les qualités réelles et *actuelles* des officiers qui les reçoivent. Cette décision est bien rigoureuse : pourquoi le greffier qui a exercé avec honneur dés fonctions qui lui ont mérité la confiance publiqué, ne pourrait-il rappeler ce titre dans ses actes? Lé droit ne lui en est pas moins acquis qu'à un membre de cour souveraine celui de prendre, dans les arrêts auxquels il concourt, le titre de chevalier, officier, commandeur de tels ou tels ordres et cependant la sollicitude du chef de la magistrature pour maintenir le laconisme dans les actes et prévenir les énonciations surabondantes, n'a pas été encore jusqu'à contester ces petites satisfactions d'un orgueil légitime.

67. Une décision ministérielle du 12 juillet 1829 a résolu il est vrai, dans un cas qui présente une analogie constante avec l'espéce que nous examinons, qu'un notaire ne pouvait, dans ses actes, ajouter à son titre celui d'avocat; mais il a été démontré jusqu'à la dernière évidence par les rédacteurs du journal des notaires, qu'aucune loi, aucun réglement obligatoire ne vient à l'appui de cette solution. Nous pensons donc que tout officier public peut, sans encourir le blâme, ajouter dans ses actes, au titre de son emploi, celui de licencié, d'avocat, de docteur en droit ou d'ancien officier ministériel, si l'un de ces titres lui a été légalement conféré.

68. Les commis-greffiers étant officiers publics et pouvant remplacer les greffiers non seulement à l'audience, mais dans toutes les autres fonctions, sont soumis aux mêmes conditions d'âge et jusqu'à un certain point d'aptitude et de moralité que les greffiers; et ces derniers qui sont responsables de leurs actes, se doivent d'ailleurs à eux-mêmes de n'accepter que des commis capables et intelligens.

§ 2. *Des formalités à remplir pour être nommé greffier ou en cesser les fonctions.*

69. Le candidat qui se présente pour remplir les fonctions de greffier, doit envoyer au procureur du roi de l'arrondissement dans lequel il désire être nommé:

1o Une demande d'admission adressée à **M.** le Ministre de la justice; cette demande doit être écrite sur papier timbré aux termes des décisions ministérielles du 15 janvier 1830 et 10 février 1831 qui ont prescrit de lui appliquer les dispositions de l'art. 12 du 13 brumaire an 7. Cette demande doit en outre contenir la déclaration qu'il n'est point parent, ou s'il est parent, à quel degré du juge de paix ou de son suppléant. Circ. minist. du 15 février 1826;

2o l'acte de démission du titulaire qui doit en même temps, contenir la présentation de l'aspirant. En cas de décès, l'acte qui le constate remplace cette pièce.

3o Le traité entre lui et le vendeur, ses héritiers ou ses ayant-cause;

4o Son acte de naissance, pour constater son âge et son origine ; un acte de notoriété délivré dans les termes des art. 70 et 71 du code civil, ne pourrait pas suppléer cet acte et s'il se trouvait dans l'impossibilité de le produire, il faudrait qu'il se conformât aux dispositions de l'art. 46 du code civil, c'est à dire qu'il établit judiciairement le fait de sa naissance, tant par les papiers de ses père et mère décédés, que par témoins. Décision minist. du 12 oct. 1829;

5o Un certificat constatant qu'il a satisfait à la loi sur le recrutement. La signature du maire qui délivre ce certificat doit être légalisée. Il est inutile dans le cas où le caudidat serait âgé de plus de trente ans. Décision minist. du 25 mai 1822 ;

6o Un certificat délivré par le maire et constatant qu'il jouit de ses droits civils ;

7o Et enfin, une déclaration motivée du juge de paix, qu'il ne voit aucun empêchement à la nomination du postulant.

Ces pièces sont transmises au procureur général par le procureur du roi, qui les accompagne de son avis et fait mention du résultat de l'examen qu'il a fait subir au candidat. Circ. du 4 juill. 1826.

70. Tout traité, toute convention qui ont pour objet la transmission à titre gratuit ou onéreux d'un office, doit être constaté par écrit et enregistré. L. du 25 juill. 4841, art. 6.

71. Lorsque le candidat est nommé, il ne peut entrer en fonctions avant d'avoir prêté serment. La

formule de ce serment est ainsi conçue : *Je jure d'être fidèle au roi, de garder et faire garder les lois du royaume ainsi que les réglemens et ordonnances de Sa Majesté et de me conformer à la charte constitutionnelle.* Ord. du 3 mars 1815 et L. du 31 août 1830.

72. On a long-temps agité la question de savoir s'il appartenait au tribunal civil ou aux juges de paix de recevoir ce serment ; mais il est intervenu une décision du ministre de la justice en faveur de ces derniers magistrats, et depuis lors la plupart des tribunaux civils qui avaient été dans l'usage de se considérer comme compétent pour recevoir le serment des greffiers et notamment celui du département de la Seine, ont abandonné cette prétention.

73. Cette décision se fonde 1o sur ce que l'art. 5 du titre 9 de la loi du 24 août 1790 porte que le greffier que le juge de paix pourra commettre (temporairement et en cas d'empêchement du greffier titulaire) prêtera serment devant lui ; 2o sur ce que la loi du 28 floréal an 10, qui a enlevé aux juges de paix le droit de nommer les greffiers de leurs siéges, n'ayant apporté aucun changement à la forme du serment de ces officiers non plus que le décret du 24 messidor an 12, ni l'ordonnance du 3 mars 1815 où ils ne sont pas même nommés, il en résulte que c'est toujours devant le juge de paix que le greffier doit prêter serment, la loi du 24 août 1790 ne se trouvant pas abrogée sur ce point.

74. Cette décision ministérielle, dit **M. Carré**, *Droit français*, t. 1, p. 243, offre une juste application des principes relatifs à l'abrogation des lois; car si la plupart des tribunaux civils d'arrondissemens s'étaient arrogé le droit de recevoir le serment des greffiers des justices de paix, dans d'autres ressorts on observait fidèlement la disposition de la loi du 24 août 1790, et l'abrogation tacite d'une loi ne peut résulter que d'un usage général contraire à sa disposition.

75. Mais avant d'être admis à la prestation de serment les greffiers de justice de paix sont obligés de fournir un cautionnement et d'en produire la quittance. Art. 88, 92 et 98 de la loi du 28 avril 1816.

76. Cette charge, imposée d'abord par les lois du 27 ventôse an 8 et 28 ventôse an 12, uniquement afin de rendre efficace la responsabilité de ces fonctionnaires même en cas d'insolvabilité, fut augmentée par la loi de 1816 dans le but de fournir au trésor les ressources qui lui étaient alors nécessaires; mais par compensation il leur fut accordé le droit de présenter un successeur, ainsi que nous le verrons au paragraphe ci-après.

Tableau comparatif de ces cautionnemens.

Résidences	FIXATION	
	ancienne.	nouvelle.
A Paris.	6,400	10,000
A Bordeaux, Lyon, Marseille. .	4,800	6,000
Communes de 50 à 100,000 hab.	3,200	4,000
— de 30,001 à 50,000 h.	2,400	3,000
— de 10,001 à 30,000 h.	1,600	2,400
— de 3,001 à 10,000 h.	1,067	1,800
— de 3,000 et au-dessous.	533	1,200

77. Les cautionnemens des greffiers des tribunaux de police doivent un supplément de cautionnement supérieur du quart à celui des greffiers des
justices de paix. Ordon. du 9 août 1816.

Le gouvernement paie 4 p. 0\|0 d'intérêt de ces
cautionnemens aux titulaires, et ces intérêts se
prescrivent par cinq ans. — Loi du 28 avril et ordonnance du 28 juin 1816.

78. Comme il ne faut pas que le service public
souffre de la mutation des officiers publics, on a
avec raison décidé que le titulaire démissionnaire
devait continuer l'exercice de ses fonctions tant
que sa démission n'avait pas été acceptée par le
gouvernement. V. notamment arrêt de la cour
de Rennes du 24 janvier 1821. Nous verrons plus
loin relativement au retrait des cautionnemens la
conséquence de cette décision.

79. Nous avons dit plus haut que le traité entre

le cessionnaire et le titulaire devait être enregistré pour la transmission à titre onéreux; le droit d'enregistrement est fixé à deux pour cent du prix exprimé dans l'acte de cession et du capital des charges qui pourront ajouter au prix. L. du 25 juin 1841, art. 6 et 7.

80. Si la transmission de l'office et des objets en dépendant s'est opérée par suite de disposition gratuite entre vifs ou à cause de mort, les droits établis pour les donations de biens meubles par les lois existantes sont perçus sur l'acte ou écrit constituant la libéralité d'après une évaluation en capital. Dans aucun cas le droit ne peut être au dessous de deux pour cent. *Ibid.*, art. 8.

81. Quand l'office transmis par décès passe à l'un des héritiers il y a lieu à la perception du droit de deux pour cent sur la valeur pour laquelle il lui est acquis; lorsqu'il passe à l'héritier unique du titulaire le droit de deux pour cent est perçu d'après une déclaration estimative de la valeur de l'office et des objets en dépendant. Cette déclaration doit être faite au bureau de l'enregistrement de la résidence du titulaire décédé. (1)

82. Le droit acquitté sur cette déclaration ou sur le traité fait entre les cohéritiers est alors imputé jusqu'à due concurrence sur celui que les héritiers auraient à payer, lors de la déclaration de

---

(1) Dans ce cas la quittance du receveur doit être jointe à l'appui de la demande de nomination du successeur.

la succession, sur la valeur estimative de l'office, d'après les quotités fixées pour les biens meubles par les lois en vigueur. *Ibid.*, art. 9.

83. Le droit d'enregistrement de transmission des offices, déterminé par les art. 7, 8 et 9 de la loi du 25 juin 1841, ne peut dans aucun cas être inférieur au dixième du cautionnement attaché à la fonction ou à l'emploi. *Ibid.*, art. 10.

84. Lorsque l'évaluation faite en exécution des art. 8 et 9 est reconnue insuffisante ou que la simulation du prix exprimé dans l'acte de cession à titre onéreux est établie d'après des actes émanés des parties ou de l'autorité administrative ou judiciaire, il est perçu à titre d'amende un *droit en sus* de celui qui est dû pour la différence de prix ou d'évaluation. Les parties, leurs héritiers ou leur ayant-cause sont solidaires pour le paiement de cette amende. *Ibid.*, art. 11.

85. En cas de création nouvelle de charges ou d'offices ou en cas de nominations de nouveaux titulaires sans présentation, par suite de destitution ou par tout autre motif, les ordonnances qui y ont pourvu sont assujetties à un droit d'enregistrement de vingt pour cent sur le montant du cautionnement attaché à la fonction ou à l'emploi ; toutefois, si de nouveaux titulaires sont soumis, comme condition de leur nomination, à payer une somme déterminée pour la valeur de l'office, ce qui a lieu presque toujours lorsqu'il s'agit d'une destitution, ainsi que nous le verrons plus loin au paragraphe 3. Le droit d'enregistrement de deux pour cent est

exigible sur cette somme, sauf l'application du *minimum* de perception assis sur le cautionnement.

86. Ce droit doit être acquitté avant la prestation de serment du nouveau titulaire, sous peine du double droit. *Ibid.*, art. 12.

87. En cas de suppression d'un titre d'office, lorsqu'à défaut de traité l'ordonnance qui prononce l'extinction a fixé une indemnité à payer au titulaire de l'office supprimé ou à ses héritiers, l'expédition de cette ordonnance doit être enregistrée dans le mois de la délivrance, sous peine du double droit ; le droit de deux pour cent doit être perçu sur le montant de l'indemnité. *Ibid.*, art. 13.

88. Les droits perçus en vertu des articles précédens sont sujets à restitution toutes les fois que la transmission n'a pas été suivie d'effet : s'il y a lieu seulement à réduction du prix, tout ce qui a été perçu sur l'excédant doit être également restitué ; mais la demande en restitution doit être faite, conformément à l'art. 61 de la loi du 22 frimaire an 7, dans le délai de deux ans à compter du jour de l'enregistrement du traité ou de la déclaration. *Ibid.*, art. 14.

89. Une circulaire ministérielle du 21 février 1817 avait divisé les officiers publics en deux classes : les officiers sans clientelle, tels que les greffiers, et les officiers à clientelle, tels que les avoués, les notaires et les autres officiers ministériels. Elle ne voulait pas que le prix des charges de la première espèce excédât deux années du produit du greffe ; elle permettait de régler la valeur des secondes sur

une base plus large. Cette disposition n'est pas observée ; le prix d'un office quel qu'il soit n'est pas regardé comme excessif quand il ne dépasse pas dix années de son produit net. V. ci-après § 3.

90. Le ministère public a prétendu pendant quelque temps avoir le droit d'exiger des parties qui figurent dans un traité le serment que le prix dont il indique la désignation est sincère ; aucune loi ne lui accorde ce pouvoir, et ce serment n'est plus exigé aujourd'hui.

91. Le gouvernement est en droit de refuser la ratification d'un traité :

1o Si le cédant a encouru la destitution. L. du 28 avril 1816, art. 91;

2o Si le candidat présenté ou cessionnaire ne réunit pas les qualités exigées par les lois pour remplir l'office cédé ;

3o Si le traité est fait sous conditions trop onéreuses, il peut dans ce dernier cas prononcer seulement une réduction de prix. Argumens de l'art. 14 de la loi du 25 juin 1841 ;

4o Si le traité renferme des dispositions qui soient en opposition avec le droit de nomination, qui n'appartient qu'au roi, ou avec ceux des créanciers du titulaire ; ainsi toute clause portant que tout ou partie du prix a été payé comptant doit être exclue du traité. Une telle stipulation rendrait définitif, quant au paiement du prix, un contrat dont l'exécution dépend de la condition de nomination du candidat présenté ; et puis l'énonciation d'un paiement au comptant pourrait déguiser la souscription de billets à ordre et par suite une fraude au préjudice des créanciers ou du précédent vendeur s'il n'est pas payé. Décis. du garde-des-sceaux du 6 mai 1830.

92. L'administration refuserait aussi de donner exécution à une cession d'office contenant délégation du prix d'achat à des tiers, ou bien qui serait faite aux risques, périls et fortune de l'aspirant, parcequ'un officier public ne peut être admis à spéculer sur la possibilité du rejet du candidat qu'il présente.

93. On ne peut convenir dans le traité portant vente d'une charge qu'il y aura touchant les produits société entre le cessionnaire et un tiers. Les fonctions dépendant d'un office sont du domaine public, attachées à la personne et entièrement hors du commerce; elles répugnent donc à tout partage, de même qu'à toute association. Décis. min. du 29 décembre 1839.

94. Mais on considère comme valable le traité par lequel un fonctionnaire, en traitant de son office avec quelqu'un, stipule que celui-ci se démettra lui-même de ses fonctions au bout de tant d'années en faveur d'une autre personne indiquée, de telle sorte que cette dernière pourrait obtenir des dommages-intérêts contre le premier cessionnaire s'il ne se démettait pas à l'époque indiquée dans l'acte de cession. C'est ce qui a été jugé par la cour de Colmar, le 3 janvier 1826.

95. On a demandé quel serait le sort du traité portant cession d'un office si le candidat venait à

décéder avant sa nomination. Il nous paraît hors de doute que dans ce cas l'art. 1122 du code civil doit recevoir son application, et que le décès du candidat rendrait le traité nul et non avenu, une cession de la nature de celle dont il s'agit étant essentiellement personnelle à l'individu qui sollicite sa nomination. *Dictionnaire du Notariat*, Vo *Office*, no 87.

96. Les principes que nous avons rappelés, les règles que nous venons de poser conduisent nécessairement à décider que tout traité secret, toute contre-lettre relativement à la cession d'un office sont essentiellement nuls comme illicites et portant atteinte à la prérogative royale ; aussi la jurisprudence est-elle unanime pour déclarer que ces traités, ces contre-lettres ne peuvent faire la base d'une action en justice ; mais cependant dans l'intérêt de la bonne foi publique et du repos des familles, on décide aussi généralement qu'un cessionnaire ne peut se faire restituer ce qu'il aurait payé en exécution de ces actes.

97. Lorsqu'un greffier a déclaré vouloir cesser ses fonctions ou bien lorsqu'il est destitué ou interdit ou lorsqu'il vient à décéder, le remboursement de son cautionnement devient immédiatement exigible, mais le retrait de ce cautionnement doit être précédé de certaines formalités que nous allons indiquer.

98. Il doit faire, lorsqu'il se présente lui-même pour réclamer ce cautionnement, une déclaration au greffe du tribunal civil de première instance,

dans le ressort duquel il exerçait, qu'il cesse ses fonctions.

99. Cette déclaration est affichée trois mois dans le lieu des séances du tribunal ; après ce délai, s'il n'est survenu aucune opposition, son cautionnement lui est remboursé par la caisse des dépôts et consignations, sur la présentation et le dépôt d'un certificat du greffier, visé par le président du tribunal, et constatant, 1o que la déclaration prescrite a été affichée dans le délai fixé ; 2o que pendant cet intervalle il n'a été prononcé contre le titulaire aucune condamnation pour fait relatif à ses fonctions, et qu'il n'existe au greffe du tribunal aucune opposition à la délivrance du certificat ou que les oppositions survenues ont été levées. Loi du 25 nivôse an 13, art. 5.

100. Lorsqu'un remboursement est réclamé par les héritiers des titulaires décédés ou interdits, le remboursement leur est fait sur simple rapport, 1o du certificat d'inscription ou du titre constatant le paiement du cautionnement ; 2o et d'un certificat ou d'un acte de notoriété contenant les noms, prénoms et domicile des héritiers et ayant-droit, la qualité en laquelle ils procèdent et possèdent, l'indication de leurs portions dans le cautionnement réclamé et l'époque de leur jouissance.

101. Ce certificat est délivré, 1o par le notaire rédacteur de la minute, lorsqu'il y a eu inventaire ou partage par acte public, ou transmission gratuite à titre entre vif ou par testament ; 2o par le juge de paix du domicile du décédé, sur l'attesta-

tion de deux témoins, lorsqu'il n'existe aucun desdits actes; 3o par le greffier dépo-itaire de la minute, si la propriété est constatée par jugement.

102. On était autrefois dans l'usage d'exiger du greffier un certificat *quitus* du produit des ventes qu'ils avaient pu faire; on ne le réclame plus aujourd'hui.

103. Le décret du 18 septembre 1806 exige que ces certificats soient légali-és par le président du tribunal civil ; ils sont enregistrés au droit fixe de 1 franc.

§ 3. *Des droits des greffiers sur leurs offices.*

104. On appelait autrefois offices tout titre donnant pouvoir d'exercer quelques fonctions publiques de l'ordre judiciaire. Aujourd'hui cette expression ne s'applique qu'aux charges de greffier ou d'officiers ministériels.

105. Jusqu'au commencement du 14e siécle les offices paraissent n'avoir été pour les rois de France qu'un moyen de récompense comme les grades militaires et les dignités ecclésiastiques. Sous Philippe-Auguste, le trésor se trouvant épuisé par ses nombreuses expéditions militaires, la vente des offices parut aux conseillers de la couronne un moyen simple et facile de remplir les coffres de l'état; tour à tour proscrite ou défendue, la vénalité devint enfin, sous François Ier, l'état normal des offices de judicature et le droit commun de la France.

106. Cette vénalité des offices entraînait pour les particuliers qui les avaient acquis originairement du roi la faculté de les vendre, de les échanger, de les transmettre à leurs héritiers sans régle, ni contrôle, comme choses qui étaient en un mot tombées dans le commerce.

107. Cependant on distinguait dans les offices, du moins en théorie, la finance avec le titre.

108. La finance d'un office était une créance sur le roi, représentative des deniers qui avaient été versés dans le trésor public par le premier acquéreur de cet office ; c'était cette créance qui, entre particuliers, était considérée comme vénale, et, comme nous venons de le dire, elle s'acquérait à prix d'argent comme un fonds de terre, un meuble, une lettre de change. Merlin, *Rép.* Vo *Office*, no 2.

109. Mais le titre d'office, c'est à dire le droit d'exercer les fonctions publiques qui y étaient attachées, le roi ne le conférait jamais qu'à vie, et le décès ou la démission du titulaire était censé le faire rentrer entre les mains du prince.

110. On faisait ordinairement deux actes pour la cession d'un office, l'un pour la finance, qu'on appelait traité, et l'autre pour le titre qu'on appelait procuration, *ad resignandum.*

111. Cet acte était ainsi appelé parcequ'il contenait pourvoir de résigner le titre ou de le remettre entre les mains du roi et du chancelier ou garde des sceaux, pour en disposer en faveur de la personne qui y était désignée.

112. **La procuration** *ad resignandum* pouvait suppléer au contrat de vente, et même dans certains cas, sans cette procuration, le contrat ne produisait qu'une action en dommages-intérêts en faveur de l'acquéreur de l'office, et tant que cet acquéreur n'avait pas reçu ses provisions, le vendeur pouvait, sauf à lui à payer des dommages-intérêts, faire signifier ce qu'on appelait *son regrès*, c'est à dire la révocation de sa procuration *ad resignandum*.

113. **La loi du 4 août 1790** vint supprimer tout cela, en décrétant l'abolition de la vénalité des offices.

114. **Le mot office cessa** même d'être employé dans le formulaire législatif jusqu'à la loi du 28 avril, 1816, et la jurisprudence avait formellement établi qu'un greffier ne pouvait vendre son titre et qu'un traité sur ce point ne lui donnait aucune action en paiement contre l'acquéreur. Néanmoins, malgré la loi et la jurisprudence, la puissance de l'habitude et des mœurs, la force des choses l'emportait; les traités pour vente d'offices existaient de fait, et ce mode de transmission était connu du gouvernement qui le tolérait.

115. **Il importait** de remédier à cet état de choses qui présentait de graves inconvéniens pour la morale publique et pour les intérêts des titulaires d'office, incessamment compromis par des traités qui ne pouvaient pas supporter les regards de la justice. Ce remède ne pouvait se trouver que dans la sanction du droit de propriété des offices, tel fut

l'objet de la disposition de l'art. 91 de la loi du 28 avril 1816, qui, comme nous l'avons vu, augmenta pour satisfaire les besoins du trésor, le chiffre du cautionnement primitivement fixé par la loi de 1790. Cet article est ainsi conçu :

« Les avocats à la cour de cassation, notaires, avoués, *greffiers*, huissiers, agens de change, courtiers, commissaires-priseurs, pourront présenter à l'agrément de Sa Majesté des successeurs, pouvu qu'ils réunissent les qualités exigées par la loi. — Cette faculté n'aura pas lieu pour les destitués. — Il sera statué par une loi particulière sur l'exécution de cette disposition et sur les moyens d'en faire jouir les héritiers ou ayant-cause desdits officiers. Cette faculté de présenter des successeurs ne déroge point au surplus au droit de Sa Majesté de réduire le nombre de ces fonctionnaires, notamment celui des notaires dans le cas prévu par la loi du 25 ventôse an 2. »

116. Comme on le voit cet article n'a fait que consacrer un principe qui devait être développé dans une loi postérieure et semblait faire dépendre de cette loi future le droit des héritiers ou ayant-cause; mais cette loi n'ayant pas encore été promulguée, la jurisprudence des cours souveraines et quelques rapports faits devant les chambres législatives à l'occasion de nombreuses pétitions qui leur ont été adressées sur cette matière à différentes époques, n'ont pas admis cette interprétation, et il a été jugé notamment par un arrêt de la cour de Colmar du 29 mai 1835, qu'en cas de décès d'un notaire, sa

veuve ou ses héritiers ont le droit de vendre sa charge, c'est à dire de présenter un candidat à l'agrément du roi, et nous croyons que les tribunaux décideraient de même s'il s'agissait d'ayant-cause, c'est à dire de donataires, légataires universels ou à titre universel, etc. Car on a même jugé que les créanciers des titulaires pouvaient aussi se faire subroger à l'exercice de présentation en cas de négligence ou de refus des héritiers. Colmar, 29 mai 1835, ANNALES *de la Science des juges de paix*, t. 2, p. 392.

117. Le titulaire qui a été suspendu de ses fonctions conserve même, d'après les réglemens de la chancellerie, les droits de disposer de sa charge. V. décis. minist. du 5 mai 1834.

Et bien plus, lorsque la destitution est prononcée ou lorsque le candidat présenté n'étant pas admis un autre est choisi d'office, le gouvernement impose au successeur qu'il nomme l'obligation de payer une indemnité qu'il est dans l'habitude de faire déterminer par le tribunal de première instance. Cette marche est régulièrement observée depuis 1830.

118. Les offices avant 1789 étaient considérés comme immeubles; mais aujourd'hui, depuis la loi du 25 juin 1841 surtout, il est impossible de ne pas les considérer comme meubles; ils doivent être complétement assimilés à un produit industriel ou à la clientelle d'un négociant. V. *notre Commentaires sur les ventes publiques*, p. 21.

119. On doit donc appliquer à la vente d'un

office toutes les règles du droit commun sur les ventes de meubles.

120. Nous avons vu que dans l'ancien droit le vendeur pouvait toujours se rétracter tant que sa démission n'était pas acceptée, en signifiant ce qu'on appelait *son regrès;* aujourd'hui cette faculté ne lui appartient plus. Toutefois, comme le gouvernement ne prend jamais sur lui de nommer un nouveau greffier sans le consentement du titulaire lorsque aucun reproche ne peut être adressé à ce dernier, il est d'usage que le candidat dont la présentation a été révoquée soit renvoyé devant les tribunaux non pour faire ordonner l'exécution du traité, ce qui serait de leur part un excès de pouvoir, mais pour faire statuer sur les dommages-intérêts qui pourraient lui être dus.

121. On a longuement agité, sous l'empire des anciennes lois, la question de savoir si la voie de la restitution pouvait être prise contre un traité pour *cause de lésion,* c'est à dire pour excès de vilité de prix. Le plus grand nombre des auteurs avancent que cette action ne pouvait être admise parceque le prix des offices était variable ; que c'était un bien sujet à des taxes, à des retranchemens de gages, remises ou émolumens. Merlin, *Répert.* V° *Office,* n° 8.

122. Ces motifs, surtout en ce qui concerne les greffes, où le revenu peut être facilement et fidèlement apprécié, nous semblent bien faibles pour faire adopter aujourd'hui cette même décision ; mais d'un autre côté nous pensons qu'en l'absence

de dol ou de fraude un traité qui a subi l'examen et la censure des procureurs généraux du roi ne pouvait guère être attaqué pour exagération dans le prix qui y est stipulé : l'avis de ces magistrats, qui sont appelés à le discuter, étant une preuve inattaquable de l'équité des stipulations qu'il contient.

123. Nous avons dit qu'une charge forme un objet mobilier, par conséquent la transmission en doit être réglée comme celle d'un bien meuble ; après le décés d'un titulaire elle devient donc la propriété de l'héritier des meubles (Besançon 25 mars 1828), et s'il était marié sous le régime de la communauté et qu'il n'y eût rien de stipulé à cet égard, elle appartiendrait pour moitié à la femme commune en biens.

124. Un office est un bien meuble incorporel, tels que sont les obligations et actions énoncées en l'art. 529 du Code civil. Il doit donc demeurer propre au futur époux qui en était pourvu au moment de son mariage, lorsque son contrat renferme une clause qui exclut de la communauté les biens de cette espéce ou ne les y fait entrer que jusqu'à une certaine somme. Dans ce cas la communauté n'a droit qu'au produit, aux fruits acquis pendant la durée ; le capital, c'est à dire la propriété de la charge, reste propre à l'époux ou à ses successeurs, qui profiteraient seuls dans ce cas de la perte ou des bénéfices qui auraient pu frapper cette propriété.

125. Il paraît maintenant assez généralement admis qu'un office acquis pendant la communauté est

propre au mari qui s'en est rendu acquéreur ; l'affirmative est soutenue par la plupart des auteurs, qui enseignent qu'on ne peut obliger le mari à le mettre en partage ; mais qu'il doit récompense à la communauté du prix de l'achat de l'office et non de la valeur au moment de la dissolution de la communauté. Ce système a été adopté par la régie de l'enregistrement, et elle a décidé que si, dans les mêmes circonstances la femme décédait avant le mari, il n'était dû par ses héritiers aucun droit de mutation sur la valeur de la moitié de l'office ; qu'ils étaient tenus seulement de déclarer la moitié de la somme prise sur les deniers communs pour le payer. Délib. du 22 juin 1830.

126. Cependant la négative est professée par Merlin : « quand le mari acquiert un office pendant le mariage, dit-il, c'est un conquêt auquel la femme participe quoiqu'il ne puisse appartenir qu'à la personne du mari ; les gages et tout ce qu'il produit sont des effets de communauté. Si le mariage est dissout par la mort du mari, l'office doit être vendu au profit de la communauté ; mais si le mari survit il a le droit de le retenir en payant aux héritiers de la femme la moitié de ce qu'il a coûté. Le parlement de Paris l'a ainsi jugé par quatre arrêts. » Merlin, *Répert. de Jurisp.* Vo *Office*, nº 13.

127. Cette solution de M. Merlin n'est pas logique, car si cette acquisition formait véritablement, comme il le prétend, un conquêt de communauté, le mari en retenant sa charge devrait récompense à la communauté, selon la valeur de l'office non

pas d'après la valeur d'achat, mais d'après celle qu'elle aurait au moment de la dissolution de la communauté.

128. De cette règle que nous avons posée plus haut, que les offices sont aujourd'hui considérés comme meubles, et comme tels soumis aux principes du droit commun, il résulte encore que quand un père officier public s'est démis de sa charge en faveur de son fils, celui-ci venant à la succession du premier, doit y rapporter la valeur de l'office dont il est pourvu ; car la loi, en prescrivant le rapport de tout ce que les héritiers ont reçu directement ou indirectement, n'a fait aucune exception. Bordeaux, 6 janvier 1834, Rennes, 10 déc. 1823 ; ANNALES, vol. de 1834, no 497.

129. Mais d'un autre côté s'il ne peut plus, comme autrefois, révoquer à sa volonté la cession par lui faite, l'officier démissionnaire qui n'a pas été payé du prix de l'office par lui cédé conserve un privilége sur sa valeur, conformément à l'art. 2102, no 4 du code civil, aux termes duquel un privilége est accordé au vendeur sur le prix des effets mobiliers non payés et qui se trouve être encore en la possession du vendeur, et par suite lorsqu'il est procédé à une distribution de prix provenant de cette vente, il doit être colloqué par préférence sur les autres créanciers de son successeur.

130. Cette doctrine, adoptée d'abord avec hésitation par quelques cours royales, a été consacrée par un arrêt de la cour de cassation du 16 février 1831, dont voici le texte :

« Attendu que s'il est vrai qu'un notaire n'ait pas la pleine propriété de son titre, et que ce soit une fonction qui ne puisse être exercée qu'avec le consentement du prince, il est vrai aussi que le concours des deux volontés légalement autorisées par la loi du 28 avril 1816 a été depuis cette loi constamment reconnu ;

« Que le droit de désigner un successeur au titulaire décédé est même reconnu à ses héritiers; que peu importe donc le concours des deux volontés, puisque c'est toujours un contrat de vente où se trouvent les trois choses essentielles à ce contrat, *prætium rei consensus*, qu'il résulte que la chose vendue étant certaine, reconnue et encore *en la possession de l'acquéreur*, le vendeur qui n'en a pas reçu le prix peut facilement exercer le privilége naturel et juste du vendeur sur la chose vendue, si d'ailleurs la loi l'y autorise.

» Attendu que l'art. 2102, (c. civ.) déclare § 4, créance privilégiée, le prix d'effets mobiliers non payés, s'ils sont encore en la possession du débiteur, qu'il se réfère nécessairement aux art. 529 et 525, d'après lesquels les droits incorporels sont réputés meubles sous la dénomination de mobilier, puisque la même expression est littéralement employée par le législateur dans les art. 535 et 2102, § 4, ce qui n'est au surplus que la conséquence de l'art. 516, qui porte que tous les biens sont meubles ou immeubles.

» Attendu qu'une étude de notaire qui n'est point évidemment un immeuble se trouve nécessairement classée dans la loi par l'expression *d'effets mobiliers* et que dès lors, loin de violer la loi, la cour d'Orléans en accordant un privilége au sieur V...., en a fait une juste application, REJETTE. »

131. Mais il faut bien remarquer que l'officier démissionnaire n'a pas un droit de suite sur la charge par lui cédée, que son privilége n'existe que tant que sa charge reste dans les mains de son cessionnaire, et qu'il perdrait tout droit au privilége s'il laissait ce dernier procéder lui-même à la vente de cet office sans prendre aucune mesure conservatoire. Voir du reste ci-après, chap. 5.

132. On a beaucoup réprouvé depuis quelque temps la vénalité des offices ; toutes les passions mauvaises soulevées par l'imprudence d'un ministre qui n'avait pas assez calculé les suites des craintes qu'il avait inspirées aux titulaires d'offices, ont renouvelé les plaintes qui sérieusement ne pouvaient frapper que sur les offices de judicature ; le bon sens public a fait promptement justice de ces velléités de bouleversement, et aujourd'hui si l'on s'occupe avec instance de revoir avec plus de soin les réglemens qui régiront la matière des offices, on a complétement abandonné les projets qui avaient soulevé une si unanime répulsion ; car on s'est enfin rappelé que la vénalité des offices est nécessaire dans l'état actuel de notre société, pour faire faire comme un métier de famille et pour augmenter sa fortune personnelle, ce qu'on ne voudrait pas entreprendre dans la seule vue du bien public. Montesquieu, *Esprit des lois, chap.* 19.

§ 4. *Des droits des tiers relativement aux offices des greffiers et aux cautionnemens de ces fonctionnaires.*

133. Un greffier, comme nous venons de le voir, peut disposer de son office en toute propriété et selon son bon plaisir, comme s'il s'agissait de tout autre bien; il a donc sur sa charge un droit absolu, et tout autre officier, tout particulier qui s'immiscerait sans droit dans les actes qui sont compris dans ses attributions pourrait sur sa poursuite être condamné vis-à-vis de lui à des dommages-intérêts sans préjudice des autres peines qu'il pourrait avoir encourues pour s'être immiscé sans droit dans une fonction publique.

134. Une charge ne peut, dans aucun cas, être l'objet d'une saisie, d'une poursuite, enfin d'expropriation exercées dans la forme ordinaire. Un arrêt de la cour de Limoges du 10 novembre 1830 l'a formellement reconnu, et aujourd'hui cela ne fait plus question.

135. Toutefois, si le titulaire vient à vendre son office, un créancier peut saisir arrêter le prix entre les mains de l'acquéreur, sans qu'on puisse lui opposer les paiemens faits ou les délégations consenties par le même titulaire avant l'ordonnance de nomination, c'est ce qui a été décidé le 12 août 1840 par la cour royale d'Angers.

136. Mais il n'en est pas de même du cautionnement; comme il est établi dans le but principal

d'assurer des recours utiles pour raison des malversations auxquelles les greffiers et autres fonctionnaires, qui y sont assujettis, pourraient se livrer, il est affecté à cette garantie par un privilége de premier ordre, qui est le septième établi par l'art. 2102 du code civil sur certains meubles, et la partie qui a obtenu des condamnations pour faits de charges peut saisir et se faire remettre les deniers formant le cautionnement, et les tribunaux ne peuvent pas différer d'en ordonner le versement entre les mains du créancier saisissant, jusqu'après l'événement du décès ou de la démission du titulaire, sauf à lui à remplacer les deniers remis au saisissant dans le délai et sous les peines prescrites par la loi. Cass., 4 février 1822.

137. L'art. 1er de la loi du 25 nivôse an 13 a étendu le privilége sur les cautionnemens au remboursement des fonds prêtés pour les réaliser, soit en totalité, soit en partie ; ce qui constitue sur eux un second privilége à exercer après celui que l'art. 2102 précité du code civil accorde aux indemnités ou condamnations prononcées pour cause d'abus et de prévarications.

138. Ce second privilége ne peut exister et être exercé qu'autant que les prêteurs de fonds ont fait la déclaration et produit le certificat prescrit par les décrets des 28 août 1808 et 22 septembre 1812 ; autrement le privilege s'évanouirait, les bailleurs de fonds resteraient simples créanciers chirographaires obligés de venir par *contribution* au *marc le franc* avec les autres. Mais dans tous

les cas ce privilége est restreint à ce cautionnement, et il a été jugé par la cour de cassation, le 30 mars 1831, que s'il se trouve épuisé par les créanciers pour faits de charge, le bailleur de fonds ne peut prétendre à aucune préférence sur le produit de la vente de l'office.

139. Nous ajouterons encore que le droit de saisir le cautionnement n'appartient qu'aux créanciers pour faits de charge seulement, et que les autres créanciers ne peuvent, tant que le titulaire exerce ses fonctions, que saisir-arrêter les intéréts de ce cautionnement, qui leur sont alors annuellement payés sur justification de leurs titres.

140. Ces saisies-arrêts doivent être pratiquées au trésor royal où se trouve le bureau spécial pour les oppositions, ou encore aux greffes des tribunaux civils dans le ressort desquels les titulaires exercent leurs fonctions ; mais dans ce dernier cas ces oppositions doivent être notifiées au trésor. Ord., 31 mai 1838.

141. Lors donc qu'un créancier d'un greffier par exemple ne peut arriver à le faire solder sa créance, il ne lui reste qu'à s'adresser au procureur du roi de l'arrondissement, lequel, en vertu du pouvoir disciplinaire, s'il a la preuve que dans ce refus de paiement il y a malice ou mauvaise foi, peut le réprimander et même le dénoncer au ministre de la justice, qui, en l'obligeant de se retirer et de vendre sa charge, mettrait le créancier à même d'user de ses droits sur le produit de la vente.

CHAPITRE III.

DES FONCTIONS DES GREFFIERS DE JUSTICE DE PAIX.

Ce chapitre comprend six paragraphes. Dans le premier nous parlons des actes de juridiction contentieuse, c'est à dire des jugemens prononcés par les juges de paix et des actes d'instruction qui les précèdent; le second traite des actes des greffes ou extrajudiciaires; le troisième est consacré à l'examen des formalités nécessaires lors des prisées et ventes de meubles, que la plupart des greffiers des justices de paix sont autorisés à faire ; dans le quatrième nous expliquons tout ce qui est relatif à la garde des minutes et à la délivrance des expéditions ; dans le cinquième nous essayons de déterminer aussi exactement que possible les obligations des greffiers vis-à-vis du fisc et du ministère public, et enfin nous examinons ce qui est relatif à l'entretien des greffes et à la tenue des registres et répertoires.

§ 1er. *Des actes de juridiction contentieuse.*

142. Les attributions des juges de paix comme juges civils sont réglées aujourd'hui par la loi du 25 mai 1838, qui a remplacé les art. 9 et 10, titre 3, de la loi du 24 août 1790. Aujourd'hui formellement abrogée par celles du 4 germinal an 2, 14 fructidor an 3 et 9 floréal an 7, relatives aux contraventions de douane, celle du 2 vendémiaire an 8, qui leur attribue la connaissance des contestations civiles sur l'application du tarif des droits

d'octroi, et celle du 21 mai 1836, relative aux chemins vicinaux.

143. Comme juges de simple police leur compétence est réglée par le paragraphe 1er du chapitre 1er du livre 2 du code d'instruction criminelle; enfin comme officiers de police auxiliaires du procureur du roi les juges de paix peuvent, en exécution de l'art. 48 du même code, être appelés à dresser nombre de procès-verbaux conformément aux termes des art. 32, 36, 43, 46, 47, 49, 50, 51, 52, 59, 60, 62, 83, 84, 87, 88, 90, 464, 488, 497, 511 et 616 de ce code.

144. En outre des attributions dont nous venons de parler l'art. 48 du code de procédure exige que pour être reçues dans les tribunaux de première instance certaines demandes aient été précédées d'une comparution des parties ou de leurs fondés de pouvoirs devant le juge de paix du domicile du défendeur, et le juge de paix, après avoir entendu les parties, cherché à les concilier, doit faire dresser un procès-verbal sommaire de leurs arrangemens ou de leur refus de se concilier. Or toutes les fois que les juges de paix procèdent dans l'étendue des fonctions qui leur sont dévolues par les textes que nous venons de citer ils doivent être assistés des greffiers de justice de paix, et, ainsi que nous l'avons dit déjà, tous les actes qui seraient dressés sans cette assistance seraient nuls. ANNALES DE LA SCIENCE DES JUGES DE PAIX, vol. de 1841, p. 162 et 163.

145. Mais si les greffiers doivent assister le juge

dans la rédaction de ces actes, auquel du juge de paix ou du greffier appartient la rédaction, le libellé de ces actes?

146. En fait le greffier est chargé presque toujours de rédiger tous les actes de la justice de paix.

Lorsqu'il s'agit de jugement il porte sommairement sur le registre d'audience ou plumitif, dont nous parlerons ci-après, le résultat du prononcé du juge, et ce jugement n'est formulé et transcrit qu'ensuite sur la feuille d'audience.

147. Cette transcription doit être faite dans les vingt-quatre heures du prononcé du jugement. V. C. de pr., 18; décret du 30 mars 1808, art. 36; Annales de la Science des Juges de Paix de 1842, p. 101.

148. Mais en droit nul doute pour nous que le juge de paix ne puisse exiger de lui soit qu'il écrive sur la feuille d'audience, immédiatement et sous sa dictée, le dispositif du jugement à mesure qu'il le prononce, soit qu'il le transcrive textuellement sur le brouillon qu'il aurait rédigé lui-même, et nous pensons aussi qu'il ne serait pas permis au greffier de rectifier les erreurs qu'il aurait pu laisser échapper ou les omissions qu'il aurait pu faire.

149. Les juges de paix, comme tous les autres magistrats, lorsqu'ils sont sur leurs siéges et prononcent un jugement, font un acte de toute-puissance qu'il n'est permis à personne de discuter, et qui ne peut être réformé, s'il y a lieu, que dans les formes et par les pouvoirs institués à cet effet. Du

moment que ce jugement est prononcé il appartient aux parties ; toute condamnation prononcée, toute forme imposée, tout incident constaté, tout acquittement obtenu sont devenus définitifs, et le juge de paix lui-même n'a plus aucun pouvoir pour le réformer ou le supprimer. ANNALES, vol. de 1842, p. 28 et 79.

Mais ce que nous venons de dire ne s'applique qu'aux jugemens ; nous examinerons dans le paragraphe suivant ce qui concerne les actes des greffes proprement dits, les procès-verbaux extrajudiciaires, etc.

150. Nous avons dit que dans l'usage on ne libellait pas les jugemens à l'audience et qu'on se contentait d'en écrire le sommaire. Ce sommaire se met sur un registre tenu par le greffier et qu'on nomme plumitif (V. ci-après *Formules*). Il doit être coté et paraphé à chaque page par le juge de paix et contenir le sommaire de tout ce qui se passe à l'audience, la comparution ou l'absence des parties, les remises des causes, mentionner si les parties se sont fait représenter par un mandataire, la remise du pouvoir qui doit être annexée à la minute après avoir été certifiée par le mandataire, la remise des pièces sur le bureau par les parties si le juge ordonne un délibéré, etc., etc. Loi 26 août 1790 ; C. de proc., art. 58.

151. En résumé le plumitif est le registre d'instruction de l'audience ; il doit constater tous les actes qui s'y passent, la demande de remises pour appeler en garantie, les interrogatoires sur

faits et articles, les interventions, les déclinatoires ;
mais il ne peut jamais suppléer la minute, et lorsque
cette dernière n'est pas semblable au plumitif c'est
à la minute qu'il faut s'en rapporter. C'est ce qui a
été jugé par un arrêt de la cour de Metz du 12 février 1817.

152. Quelques juges de paix ont prétendu que les
greffiers devaient eux-mêmes transcrire sur la
feuille d'audience les brouillons du jugement qui lui
étaient remis par eux ; c'est une erreur : le bon
sens l'indique, et une décision ministérielle du 22
mars 1833 a formellement décidé que les feuilles
d'audience pouvaient être écrites par des commis
même non assermentés. ANNALES, vol. de 1842,
p. 250.

153. Mais s'il appartient au juge de paix de libeller sa sentence et de la dicter au greffier, il ne
saurait, ainsi qu'on l'a soutenu, obliger les greffiers à
se transporter à son domicile pour faire là l'office
d'un sécretaire ; les principes que nous avons rappelés
s'opposent évidemment à cette prétention exorbi-
tante. ANNALES *de la science des juges de paix,
vol. de* 1842, p. 211.

154. En dehors de l'audience, le juge de paix
peut avoir recours, dans l'intérêt de la justice et
de la vérité, à d'autres moyens d'instruction, et le
greffier lui doit assistance, comme aux actes d'instruction qui se font à l'audience. Nous voulons
parler des expertises, des visites de lieux et des enquêtes.

155. Lorsqu'il s'agit soit de constater l'état des

lieux, soit d'apprécier la valeur des indemnités et dédommagemens à réclamer, le juge de paix peut ordonner que les lieux contentieux seront visités par lui en présence des parties. C. proc., art. 41.

156. Le greffier doit toujours assister le juge de paix dans ces sortes d'opérations; il est chargé de l'apport de la minute du jugement qui ne doit pas être expédié. *Ibid.*, art. 28 et 30.

157. Si l'objet de la visite exige des connaissances étrangères au juge de paix, il ordonne que les gens de l'art l'accompagneront pour lui donner leur avis, après avoir prêté entre ses mains le serment de bien et fidèlement remplir la mission à eux confiée.

158. Dans ce cas si les causes ne sont pas sujettes à l'appel, le greffier ne dresse pas procès-verbal de l'avis des experts, mais le jugement doit indiquer le transport sur les lieux, la nomination des experts, leurs noms, la prestation du serment et le résultat de leur avis.

159. Si au contraire le juge ne décide qu'en premier ressort, le greffier doit dresser un procès-verbal distinct et séparé des opérations de la visite. Les experts ne pourraient dresser eux-mêmes le rapport qui contiendrait leur avis; mais ils peuvent exiger qu'il soit écrit sous leur dictée, et ce procès-verbal est alors signé par le juge, le greffier et les experts, à moins que ces derniers ne le sachent faire, et dans ce cas il en est fait mention. L. 14, 18 et 26 octobre 1790, et C. proc., art. 42 et suiv.

160. Le juge de paix peut, au lieu de se transporter sur les lieux mêmes, commettre un expert pour faire cette visite et lui en dresser procès-verbal; car le juge de paix, pouvant procéder lui-même avec l'*assistance d'experts*, peut sans inconvénient recourir à un moyen moins coûteux, et se dispenser de se présenter sur les lieux s'il juge sa présence inutile. D'ailleurs l'art. 8 du tarif, établissant une distinction entre l'expertise proprement dite et la visite des lieux, suppose nécessairement que la première est possible comme la seconde, car, en définitive, nous croyons que le juge de paix étant le juge des moyens d'instruction nécessaires, pour amener à sa connaissance la vérité des allégations souvent contraires des parties, il n'appartient à personne de s'opposer à une procédure que la loi ne défend pas.

161. On a cependant contesté aux juges de paix le droit, en matière civile, d'ordonner une experise; mais les raisons qu'on a données ne méritent guère une réfutation; car, d'après l'art. 15 de la loi du 21 mai 1836, le juge de paix ne peut, même dans certains cas, lorsqu'il s'agit de chemins vicinaux, prononcer son jugement qu'après une expertise préalable; et c'est d'ailleurs ce qui se fait tous les jours, sans que jamais on ait critiqué les jugemens rendus à la suite de ces expertises.

162. Quoi qu'il en soit, lors de ces expertises, si tous les experts savent écrire, leur rapport peut être rédigé par l'un d'eux, et il est ensuite déposé au greffe; mais s'ils ne savent pas tous écrire, c'est au greffier qu'appartient la rédaction du procés-verbal. Il nous semble même que, dans le cas où l'affaire étant importante le juge de paix nomme plusieurs experts, il est plus prudent au juge d'engager les experts à requérir son assistance pour le libellé de ce rapport; cela éviterait le procés-verbal de dépôt au greffe, et souvent aussi des longueurs et des inexactitudes.

163. Mais dans tous les cas, le jugement qui ordonne l'expertise ne devant pas être levé, si les parties sont présentes, le juge de paix délivre une cédule pour appeler les experts, et le greffier n'a pas à intervenir pour le transport de la minute.— V. *Formules ci-après.*

164. Lorsque le juge de paix ordonne une enquête, elle ne peut, non plus que la visite de lieux dont nous venons de parler, être faite par le juge de paix sans l'assistance du greffier, à peine de nullité.

165. Dans cette procédure d'enquête il est bon de se rapprocher autant que possible de la marche indiquée par le code de procédure pour les enquêtes devant les tribunaux de première instance. C. proc., art. 252 et suiv.

166. Mais toutefois la cour de cassation a décidé que ces formalités devant la juridiction de paix n'étant pas substantielles, leur omission n'entraînait pas la nullité de la procédure. Cass., 19 juin 1818

167. Dans les causes sujettes à appel, le greffier doit dresser procés-verbal de l'audition des témoins.

Cet acte doit contenir les noms, âge, profession et demeure des témoins, leur serment de dire la vérité, leur déclaration s'ils sont parens, alliés, serviteurs ou domestiques des parties, et les reproches qui auraient été fournis contre eux, et lecture doit être faite de ce procès-verbal à chaque témoin pour la partie qui le concerne.

468. Il doit en outre être signé par le juge, le greffier et chacun des témoins. La signature de ces derniers doit être apposée à la suite de chacune de leurs dispositions, et dans le cas où ils ne savent pas signer, mention doit en être faite à la même place. C. proc., 39.

169. Dans les cas qui sont de nature à être jugés en dernier ressort le greffier ne dresse point de procès-verbal mais comme le jugement qui intervient doit énoncer les noms, âge, professions et demeure des témoins, leur serment, leur déclaration s'ils sont parens, alliés, serviteurs ou domestiques des parties, les reproches et le résultat des dépositions (c. proc. 40), il est nécessaire qu'il prenne et inscrive sur son plumitif des notes exactes, complètes et lisibles de toutes les opérations de l'enquête.

170. La contre-enquête devant être faite dans les mêmes formes et d'après les mêmes principes que l'enquête proprement dite, le greffier doit observer les mêmes règles pour la rédaction des notes des procès-verbaux.

171. Le juge de paix peut également, en certains cas, en matière de simple police recourir aux diverses voies d'instruction dont nous venons de parler, et le greffier doit dans ces différentes opérations prêter au juge de paix son assistance comme dans les matières civiles ; mais toutefois, orsqu'il s'agit d'enquête, il ne doit être, dans aucun cas, dressé de procès-verbal : le greffier est seulement obligé de tenir note sur son plumitif du erment des témoins, de leurs noms, prénoms, âge, qualités, demeures et du sommaire de leurs déclarations, de la taxe qui a été demandée ou du refus des témoins de recevoir le montant de la taxe, et cette note doit être inscrite dans le jugement reporté sur la feuille d'audience à l'exception de la taxe qui n'y doit pas figurer. C. inst. crim., 148 et 155, et Carré, t. 4, p. 625.

§ 2. *Des actes de greffe ou extrà judiciaires.*

172. Comme officiers publics, les greffiers peuvent dresser :

1o Les procès-verbaux de conciliation et de non-conciliation ;

2o Ceux des délibérations des conseils de famille ;

3o Ceux d'apposition, de reconnaissance et de evée de scellés ;

4o Ceux des opérations faites par le juge de paix ar suite de commissions rogatoires ;

5o **Les actes** d'émancipation ;

6o Ceux de notoriété ;

7o Ceux de prestation de serment des préposés de la régie et des douanes, des employés des octrois et autres dont le juge de paix est autorisé à recevoir le serment ;

8o Ceux de récusation ;

9o Ceux de réception de caution ;

10o Ceux de désaveu dans le cas de l'art. 318 du code civil ;

11o Ceux d'acquiescement et de désistement, ainsi que tous les actes contenant offre d'exécuter un jugement, de le tenir pour signifié ;

12o Ils peuvent, en outre, recevoir la déclaration de changement de domicile en exécution de la loi du 22 juin 1833, pour l'élection des conseillers de département et d'arrondissement.

13o Viser les orignaux des exploits signifiés aux greffiers ;

14o Recevoir le dépôt volontaire de tous actes sous seing privé ;

15o Certifier les signatures informes ou illisibles apposées sur ces actes ;

16o Certifier des copies aprés avoir collationné des pièces, dont une partie veut conserver les originaux. Loi du 22 frimaire an 7, art. 168, § 1er, no 18.

17o Rapporter le procès-verbal d'un fait de force majeure dont une partie entend profiter.

18o Et enfin constater et rendre authentique tout fait dont il n'a pas été donné à un autre officier de rapporter la preuve. ANNALES, vol. de 1842, p. 132.

173. Nous avons expliqué dans le paragraphe précédent que pour tout ce qui concernait les jugemens et les actes d'instruction qui les précédent le juge de paix devait, en définitive, rester le seul rédacteur, et qu'il pouvait exiger du greffier une soumission entière dans le libellé de ses décisions ; mais en ce qui regarde les actes que nous venons d'énumérer plus haut nous pensons qu'il doit en être autrement, et que la rédaction doit en être laissée au greffier par le juge de paix, qui peut se borner à vérifier s'il a exactement et clairement rendu compte des opérations auxquelles il a été procédé. Cela est, selon nous, plus conforme à la dignité du juge, et résulte notamment des art. 39, 42 et 915 du code de procédure civile et de l'art. 155 du code d'instruction criminelle.

174. En effet l'art. 39 c. de proc. civ. ordonne que dans les causes sujettes à appel *le greffier* dressera procès-verbal de l'audition des témoins ; l'art. 42 du même code porte qu'en cas de visites de lieux et dans les causes sujettes à appel procès-verbal de la visite sera *dressé par le greffier*, qui *doit* constater aussi le serment prêté par les experts.

L'art. 915 dispose, d'autre part, que les clefs de serrures sur lesquelles le scellé a été apposé resteront jusqu'à la levée entre les mains du greffier de la justice de paix, *lequel fera mention* sur le procès-verbal de la remise qui lui en aura été faite.

175. Enfin l'art. 155 du Code d'instruction criminelle veut que le greffier tienne note des noms, âge, profession et demeure des témoins entendus en matière de simple police ainsi que de leur déclaration sous serment de dire toute la vérité, rien que la vérité.

176. A ces textes on peut ajouter encore l'autorité de la cour de cassation, qui a décidé le 11 juin 1835 qu'il est de principe dans notre organisation judiciaire « qu'un juge ne peut exercer les fonc-« tions qui lui sont déléguées par la loi qu'avec « l'assistance d'un greffier, qui *doit constater* non « seulement que les actes qu'il s'agit de faire ont « été faits, mais encore qu'ils l'ont été avec toute « les formes nécessaires pour leur validité. » Or pour être libre de faire ces diverses constatations il faut rigoureusement que le greffier soit le maître de la rédaction.

177. Bien plus, les lois des 13 brumaire et 22 frimaire an 7 notamment rendent ces fonctionnaires responsables des contraventions commises non seulement sur le timbre et l'enregistrement, mais encore sur le mode de rédaction, par exemple lorsqu'il s'agit d'une énonciation de mesures, de contenance, etc., et il serait absurde de soutenir que la loi a entendu leur appliquer une pénalité

pour des contraventions qui ne sont pas de leur fait, et qu'il ne serait pas en leur pouvoir d'éviter. ANNALES, vol de 1842. p. 245.

178. Comme conséquence de ce que nous venons de dire, nous ajouterons que les greffiers peuvent toujours, sous leur responsabilité, refuser aux magistrats de paix l'assistance qui leur est indispensable pour procéder régulièrement, dans le cas où ce dernier transgresserait ouvertement les ordres du législateur, dans celui, par exemple, où, contrairement aux dispositions des art. 11, 29 et 42 de la loi du 22 frimaire an 7, ils voudraient rédiger un acte en vertu ou par suite d'un autre acte qui n'aurait pas été enregistré; car s'ils doivent au juge de paix respect et assistance, ils doivent avant tout obéissance à la loi.

179. A la différence des actes de juridiction contentieuse dont nous venons de parler, et qui doivent toujours se faire au chef-lieu du canton dans lequel le juge de paix doit résider aux termes de l'art. 9 de la loi du 29 ventôse an 9, les actes dont il s'agit dans ce paragraphe peuvent être faits dans toute l'étendue du canton, et le greffier ne saurait refuser de concourir aux opérations qu'ils ont pour but de constater, en quelque lieu qu'il plaise au juge de paix de le convoquer.

Nous allons, en suivant l'ordre alphabétique, revenir sur les principaux actes qui peuvent être faits par les greffiers et sur les formalités qui doivent les précéder, suivre ou accompagner.

180. CAUTION (*réception de*). Lorsque le juge de paix ordonne l'exécution de ses jugemens par provision , et que la s' mme faisant l'objet de la condamnation excéde 300 fr., l'exécution provisoire de ce jugement ne peut être obtenue par le demandeur qu'à la charge par lui de fournir préalablement caution. Or le paragraphe 3 de l'art. 11 de la loi du 25 mai 1838,portant que cette caution sera reçue par le juge de paix, semble exiger que cette caution soit toujours présentée directement au juge de paix à l'audience où le jugement a été prononcé ou au plus tard à la prochaine audience, sans autre procédure ni formalité ; cependant nous ne pensons pas que le greffier puisse refuser à une partie qui se présenterait au greffe pour faire une soumission de caution de dresser un procés-verbal de cette soumission, parceque d'un côté il n'est pas juge de l'opportunité ou de la validité des procédures ordonnées par le juge de paix ou suivies par les parties, et que de l'autre, si les rédacteurs de la loi de 1838 ont paru préférer le mode de réception de caution à l'audience même, le texte du paragraphe que nous avons cité n'est pas assez précis pour prohiber une procédure formellement indiquée par l'art. 21 du tarif des frais et dépens.

181. COMMISSION ROGATOIRE. On sait qu'on nomme commission rogatoire l'acte par lequel un tribunal ou un magistrat en délégue un autre pour le suppléer dans une opération de sa compétence.

Une commission rogatoire peut donc être adressée au juge de paix pour toute opération et dans toutes sortes d'affaires, lorsque les parties ou les lieux contentieux sont trop éloignés pour que les juges de la contravention ou du délit puissent y procéder eux-mêmes. C. proc. civ., art. 1035. V. la 2me part. de notre *Répertoire de la science des juges de paix*, Vo *Commission rogatoire*.

182. Il peut aussi recevoir une commission rogatoire d'un autre juge de paix et réciproquement, car la mission qui se donne alors est une mission d'ordre public et non de supérieur et inférieur.

183. Ainsi, quel que soit le tribunal qui ait décerné cette commission rogatoire, quelles que soient les circonstances dans lesquelles ce tribunal aurait procédé, les juges de paix et par suite les greffiers ne peuvent refuser de l'exécuter.

184. Mais dans l'exécution il faut qu'ils se conforment aux régles qu'aurait dû suivre un commissaire pris dans le sein du tribunal qui a fait cette délégation ; car dans ce cas ce n'est plus son autorité seule que le juge de paix exerce, mais en même temps celle du tribunal qui l'a commis, et par suite les devoirs et droits du greffier doivent dans ces occasions être assimilés à ceux des greffiers des tribunaux délégataires. Limoges, 4 juillet 1825 et Orléans, 15 août 1839.

185. L'opération terminée, le procés-verbal achevé, les fonctions du greffier cessent ; il doit seulement prendre les mesures nécessaires pour faire parvenir aux greffiers de ces tribunaux la minute du procés-verbal de l'opération dont il n'est pas ordinairement fait d'expédition.

186. La loi ne met à la disposition du greffier pour ces envois aucun autre moyen que celui qu'elle donne à tous les autres citoyens ; mais il est de son devoir en ce cas d'user de toutes les précautions ordinaires pour que cette pièce arrive promptement et sûrement à destination.

187. CONCILIATION (*procès-verbal de*). Dans les affaires civiles qui doivent, aux termes des art. 48 et suivans du C. de procédure, être soumises aux préliminaires de conciliation, le greffier ne doit dresser de procès-verbal que dans le cas de comparution des deux parties ; car si l'une d'elles ne se présente pas il doit être fait seulement mention sur le plumitif, à la suite de l'inscription de la citation et sur l'original de la copie de cette citation, de l'absence de la partie défaillante et du défaut prononcé contre elle , sans qu'il y ait lieu ni pour le juge, ni pour le greffier de s'occuper de l'amende encourue par cette partie, que le tribunal civil a seul droit de prononcer. Cass., 18 août 1832.

188. Lorsque les parties comparaissent le greffier doit au contraire dresser procès-verbal de leurs arrangemens si elles tombent d'accord et se concilient, ou de leurs demandes et dires respectifs si elles ne veulent terminer à l'amiable leurs querelles. Toullier, t. 8, p. 20, et Favard, V° *Conciliation,* 555, n° 9.

189. Cependant M. Carré enseigne, t. 4, p. 180, qu'en cas de non conciliation il doit être seulement constaté que les parties n'ont pu s'arranger ; le même système est admis dans un arrêt de la cour d'Orléans rendu le 7 avril 1838.

190. Quoi qu'il en soit, ce procès-verbal doit être fait avec brièveté et circonspection de la part du juge ; il doit s'abstenir des longueurs et des explications inutiles, de laisser entrevoir son opinion personnelle, se borner à ne constater que les points de faits clairement articulés ou déniés par les parties ; car ce procès-verbal étant destiné non seulement à éviter les frais de procédure, *ab irato*, mais encore à constater dès le principe le véritable état de la contestation et à empêcher qu'il ne soit ensuite altéré ou déguisé par les défenseurs des parties, il s'ensuit que dans certaines causes de ce procès-verbal dépendra souvent la décision de l'affaire.

191. Les aveux et déclarations consignés dans un procès-verbal de non conciliation n'ont dans aucun cas la force d'un aveu judiciaire ; ils n'ont que celle d'un aveu extra-judiciaire écrit.

192. Les conventions des parties, insérées dans un procès-verbal de conciliation, ont force d'obligation privée. C. de proc., art. 54.

193. Cependant cet acte est authentique dans sa forme puisqu'il est dressé par un fonctionnaire auquel la loi accorde qualité à cet effet ; il doit faire foi de son contenu jusqu'à inscription de faux ; mais toutefois il ne peut être la base d'une inscription hypotécaire, et n'est pas susceptible d'exécution parée comme les actes passés devant les notaires et les jugemens. Par suite donc, un greffier

commettrait une faute grave s'il l'expédiait sans la formule exécutoire.

194. Comme acte authentique le procès-verbal de conciliation a une date certaine ; il n'est pas soumis à la formalité du double écrit, et est valide, quoique non signé des parties, lorsque la cause du défaut de s¡gnature a été expliquée par le juge de paix. Cass., 11 février 1841. **Annales de la science des juges de paix,** vol. de 1841, p. 243 et suiv.

195. **Conseils de famille.** On appelle conseil de famille une assemblée de parens réunis, sous la présidence du juge de paix, pour conférer la tutelle, délibérer sur les intérêts des mineurs, les émanciper, etc., etc.

196. Dans ces assemblées le juge de paix a voix délibérative et prépondérance en cas de partage ; mais le greffier n'en peut être membre. Néanmoins il doit être présent à toutes les opérations ; car lui surtout est appelé à surveiller l'accomplissement des prescriptions de la loi et dresser procès-verbal des délibérations. C. civ., art. 407 et suiv.

197. Ce procès-verbal se fait dans la forme ordinaire ; il doit contenir, toutes les fois que les délibérations ne sont pas unanimes, l'avis de chaque membre, sans néanmoins qu'il soit nécessaire d'énoncer les motifs de chacun de ces avis ; et en outre, dans le cas où un parent, un ami convoqué ne se présenterait pas et ne pourrait alléguer aucune cause légitime pour excuser son absence, le juge de paix peut le condamner sans appel à une amende

de 50 francs, conformément aux dispositions de l'art. 413 du C. civil, et le procès-verbal dressé par le greffier doit constater cette condamnation pour laquelle il n'est pas dressé d'acte séparé.

198. Quelquefois (C. civ., 448, 457 et suivans) les délibérations des conseils de famille doivent être homologuées par le tribunal de première instance pour être définitives et exécutives. Le greffier ne peut, dans aucun cas, être chargé, même comme mandataire, de demander et d'obtenir cette homologation. Il ne doit s'occuper de cette procédure sous aucun prétexte, même comme mandataire.

199 On a demandé si incidemment à un débat judiciaire les cours et tribunaux désirant consulter la parenté et déléguant un de leurs membres pour faire partie d'un conseil de famille et le présider en remplacement du juge de paix, le greffier de la justice de paix devrait assister ce juge commissaire. Mes Bousquet et Carré maintiennent la négative, que nous nous empressons d'adopter, par ce motif que l'organisation des conseils de famille est d'ordre public, et que le greffier de la justice de paix ne doit assister qu'un juge du tribunal près duquel il siége.

200. Mais au contraire il ne pourrait, sous aucun prétexte, refuser son assistance au juge de paix dans le cas où, conformément aux dispositions de l'art. 2144 du code civil, aux termes duquel l'hypothèque dont la loi frappe les immeubles du mari pour raison de la dot, des reprises ou conventions

matrimoniales de la femme, peut être restreinte aux immeubles suffisans pour la. conservation entière des droits de celle-ci; il s'agirait de prendre l'avis des quatre plus proches parens de celle-ci, réunis en assemblée de famille. La loi ne dit pas dans ce cas, comme pour les conseils de famille, que la convocation sera faite par le juge de paix, que l'assemblée se tiendra dans sa demeure, etc. Cependant comme les résultats de la délibération doivent être constatés, on ne peut pas méconnaître que l'assemblée doit être tenue et présidée par le juge de paix et que le procès-verbal doit en être dressé par le greffier.

201. ÉMANCIPATION. Tout mineur ayant atteint l'âge de 15 ans révolus peut être émancipé, et l'acte d'émancipation se fait par une simple déclaration devant le juge de paix. Procès-verbal de cette déclaration et de celle du juge de paix prononçant l'émancipation doit être dressé par le greffier, qui doit constater en même temps. par le même acte, l'autorisation de faire le commerce qui serait accordée au mineur. Un second acte dressé séparément, mais le même jour, pour cette autorisation serait dans ce cas considéré, ce nous semble, comme frustratoire.

202. NOTORIÉTÉ (*Acte de*). L'acte de notoriété est celui par lequel un officier public constate, sur la déclaration des personnes qui en ont connaissance, l'existence de certains faits, de certaines circonstances.

203. La rédaction de ces actes appartient en thèse

générale cumulativement aux juges de paix et aux notaires; toutefois c'est au juge de paix seul qu'il appartient de dresser l'acte de notoriété supplétif d'un acte de naissance. (C. civ., 70 et 71). Cet acte se dresse dans la forme des procés-verbaux ordinaires.

204-205. A l'exception de ceux dont nous venons de parler, qui doivent contenir l'attestation de sept témoins, deux témoins suffisent pour la validité des actes de notoriété. Toutefois il ne faut pas oublier que les témoins appelés doivent réunir les qualités exigées pour les actes publics, et que si les déclarations portent sur des faits complexes, l'attestation de chaque témoin doit être libellée séparément.

206. Récusation. Les causes de récusation des juges de paix sont expliquées art. 44 du code de procédure civile.

207. La partie qui veut récuser un juge de paix le fait par un acte dans lequel elle énonce ses motifs, et qu'elle fait signifier au greffier de la justice de paix.

208. Le greffier vise l'original de cet exploit sans avoir aucunement à en apprécier le contenu, mais en exigeant toutefois la signature sur l'original et la copie de la partie ou de son fondé de pouvoir spécial. (C. proc., art. 45.) En cas de refus de visa l'huissier devrait le constater et se présenter devant le procureur du roi.

209. Aussitôt la réception de cette copie, le greffier doit la communiquer au juge sans déplacement.

210. Dans le délai de deux jours après cette communication, le juge est tenu de donner au bas de cet acte sa déclaration par écrit, portant ou son acquiescement à la récusation, ou son refus de s'abstenir, et dans ce dernier cas il doit indiquer sa réponse aux moyens de récusation. C. proc. art. 46.

211. Dans les trois jours après ce délai le greffier, sur la demande de la partie la plus diligente, doit envoyer expédition de l'acte de récusation et de la réponse du juge. s'il en fait une, au procureur du roi près le tribunal de première instance dans le ressort duquel est située la justice de paix: Là se borne sa mission; du reste les suppléans du juge de paix, quand ils le remplacent, possèdent les mêmes droits et qualités que lui, peuvent comme lui être réunis dans les mêmes occasions, mais il n'en est pas de même du greffier.

212-213. Quoique partie intégrante du tribunal, il est légalement étranger à la délibération et à la décision ; malgré son influence nécessaire, ses fonctions, ainsi que nous l'avons expliqué au paragraphe précédent, ne consistent qu'à rédiger le jugement d'après le prononcé qui en est fait par le juge de paix, et les auteurs sont généralement d'accord pour décider qu'un greffier peut tenir la plume et signer une sentence rendue même dans une affaire dans laquelle il serait personnellement intéressé. Par conséquent on comprend que la récusation ne peut jamais être admise. Merlin, *Répert.*, V° *Greffier* ; Carré, n° 591; Rennes, 3 janvier 1818 ; **D. A.**, t. 9, p. 619 ; V. aussi Annales, vol. de 1842, p. 109.

214. Scellés. Le scellé est un acte par lequel le juge de paix procéde à l'apposition d'un sceau sur les deux bouts d'une bande de toile adaptée avec de la cire rouge sur les entrées des portes ou des meubles pour en empécher l'ouverture.

215. L'apposition des scellés, soit qu'elle ait lieu en matiére civile, commerciale ou criminelle, ne peut être faite que par le juge de paix, et un tribunal excéderait son pouvoir en confiant la mission d'apposer les scellés, soit au ministére public, soit à l'un de ses membres. Par suite toute apposition de scellés faite par tout autre que le juge de paix du lieu où sont les effets à mettre sous les scellés est illégale, le greffier doit y refuser sa coopération, et de sa seule autorité le juge compétent pourrait briser les scellés mis par d'autres que par lui.

216. Les scellés peuvent être apposés à la requête d'héritiers et de créanciers et même d'office dans certains cas. Le cadre dans lequel nous sommes tenus de nous renfermer dans cet article ne nous permet de nous occuper ici que de ce qui étant de forme intéresse les greffiers spécialement ; nous renverrons donc pour les développemens aux divers mots de ce Répertoire sous lesquels cette matiére est traitée ; nous dirons seulement que toutes les fois que les scellés sont apposés à la suite d'une faillite le greffier doit faire remettre au président du tribunal de commerce qui a prononcé le

jugement déclaratif de faillite un avis de l'apposition des scellés (Code de commerce, art. 458), et ensuite que l'apposition des scellés étant une mesure conservatrice, le juge, lorsqu'il en est requis, ne doit jamais hésiter à y procéder, ni refuser d'en référer au président du tribunal civil en cas d'opposition ou de difficultés, car il n'a aucune autorité pour statuer sur les contestations qui peuvent s'élever à l'occasion de cette apposition, sauf à lui toutefois, s'il y a lieu, à établir provisoirement un gardien intérieurement ou extérieurement.

217. Dans tous les cas, soit que le référé soit introduit avant ou pendant les appositions de scellés, le greffier doit accompagner le juge de paix, car le procès-verbal doit contenir mention des faits qui ont motivé le référé. Les parties n'ont pas besoin d'être citées à comparaître par exploit, et l'ordonnance du juge du référé est écrite par le greffier du juge de paix sous la dictée de ce dernier.

218. Ce procès-verbal se fait dans la forme ordinaire, et notamment il doit énoncer les comparutions et dires des parties, la désignation exacte des lieux, bureaux, coffres et armoires, etc., sur les ouvertures desquels le scellé est apposé, les oppositions des parties légataires ou créancières, une *description* sommaire, mais détaillée des objets qui ne sont pas mis sous le scellé ; la prestation du serment, lors de la clôture de l'apposition par ceux qui demeurent dans les lieux et qui ont la possession du mobilier, qu'ils n'ont rien détourné

ni directement ni indirectement; l'établissement du gardien présenté ou désigné par le juge de paix, lequel peut être pris parmi les personnes qui vivaient avec le défunt, sans en excepter les domestiques ni les parens qui auraient quelque intérêt dans la succession ou dans la communauté.

219. Les clefs des serrures sur lesquelles les scellés ont été apposés restent, jusqu'à la levée, entre les mains du greffier de la justice de paix. Le procès-verbal doit faire mention de cette remise.

220. Le juge de paix et le greffier ne peuvent, à peine d'interdiction, aller dans la maison où les scellés ont été apposés jusqu'à leur levée. C. proc., 915.

221. Cependant, si des circonstances pressantes nécessitaient la présence du greffier dans ce lieu, il peut s'y présenter après une réquisition et une ordonnance motivée du juge de paix ou du président du tribunal de première instance.

222. Si pendant l'apposition il en est requis, le juge de paix fait la recherche du testament dont l'existence est annoncée; le greffier doit constater cette recherche, et si ce testament est trouvé il procède de la manière suivante :

223. Si le testament est trouvé ouvert, il en donne lecture aux parties lorsqu'elles le demandent; il en constate ensuite l'état, en fait la description, le couvre d'une enveloppe dont il scelle les bouts de manière à ce que le testament ne puisse en être extrait, la fait parapher par le juge de paix

et les personnes présentes, et indique, après avoir pris les ordres du juge de paix, les jour et heure où le paquet sera présenté au président du tribunal civil.

224. Si le testament est trouvé cacheté ou s'il s'agit d'un paquet ou d'autres papiers également cachetés, il ne doit pas en être fait ouverture ; il doit se borner à constater alors la forme extérieure, le sceau et la suscription, s'il y en a, faire parapher l'enveloppe par le juge de paix et les personnes présentes si elles savent signer.

225. Mais dans aucun cas le greffier n'a à constater le dépôt de ce testament ou paquet entre les mains du président du tribunal civil, car il n'a aucun droit d'assister le juge de paix lors de ce dépôt.

226. Pour donner aux parties intéressées le temps d'être présentes à la levée des scellés la loi a fixé un délai avant lequel cette levée ne peut avoir lieu, à peine de nullité des procès-verbaux de levée et de dommages-intérêts contre ceux qui les ont faits ou requis.

Ce délai est de trois jours francs après l'inhumation si le scellé a été mis avant cette inhumation.

Il est également de trois jours après l'apposition si le scellé a été mis après l'inhumation.

227. Toutefois, dans des cas urgens, le délai de trois jours peut être abrégé par une ordonnance du président du tribunal civil.

228. La levée des scellés se fait avec ou sans description ; mais dans tous les cas le procès-verbal

doit contenir la date par an, mois, jour et heure, les noms, profession, demeure, élection de domicile du requérant et des parties présentes, la nomination des actes extrajudiciaires et ordonnances qui auraient précédé la levée des scellés, les comparutions et dire des parties, la reconnaissance des scellés, s'ils ne sont pas sains et entiers, l'état d'altération dans lequel ils se trouvent et généralement toutes les opérations qui ont lieu, tous les incidens qui peuvent survenir lors de cette levée de scellés.

229. Les scellés ne doivent être levés que successivement et au fur et à mesure de la description, et réapposés à la fin de chaque vacation.

230. Dans le cas où le juge de paix pense que les scellés ont été lacérés, enlevés ou altérés par un moyen quelconque et dans un but criminel, le greffier doit dresser un procés-verbal séparé et l'envoyer au procureur du roi. C. pén., 249 et suiv.

231. Lorsqu'il s'agit de lever des scellés après faillite l'inventaire doit être fait par les syndics en double expédition, et le juge de paix doit signer cet inventaire à chaque vacation ; mais cela n'empêche pas le greffier de dresser un procés-verbal distinct, et d'y constater tous les incidens de cette opération à laquelle il doit assister jusqu'à la fin. V. une ordon. de référé du président du tribunal de Bordeaux, rapportée en nos ANNALES, vol. de 1840, p. 2 3, et vol. de 1841, p. 39 et suiv.

232. SERMENT (*prestation de*). Lorsque le juge de paix reçoit la prestation de serment d'un em-

ployé des postes, des contributions indirectes, etc., l'accomplissement de cette formalité est constaté par un acte que le greffier rédige et met au rang de ses minutes, et l'on est dans l'usage, conformément aux dispositions de l'art. 20 du 1er germinal an 13, de mettre en marge de la commission de cet employé une annotation seulement pour constater cette prestation de serment ; mais nous devons dire que cette marche n'est pas très régulière ainsi que nous l'avons expliqué page 269 et suiv., vol. de 1842 de nos ANNALES, auxquelles nous ne pouvons que renvoyer sur ce point.

§ 3. *Des prisées et vente de meubles.*

233. En dehors des attributions dont nous avons parlé dans les deux paragraphes précédens, les greffiers des justices de paix sont assimilés aux commissaires-priseurs, huissiers et notaires pour ce qui concerne les prisées et ventes de meubles.

Les lettres patentes du roi du 20 juillet 1790 en supprimant les offices des jurés priseurs, créés par l'édit de février 1771 et autres, autorisaient les notaires, greffiers et huissiers à faire les ventes de meubles dans tous les lieux où elles étaient précédemment faites par ces derniers.

234. Trois ans plus tard, un décret de la convention nationale du 17 septembre 1793 disposa que les huissiers-priseurs de Paris, qui, par suite des lettres-patentes du 3 janvier 1782, avaient remplacé les jurés-priseurs, cesseraient leurs fonctions, et que la prisée des meubles serait attribuée concurremment aux greffiers, huissiers et notaires.

Ce décret de 1793 est encore aujourd'hui en vigueur, sauf toutefois les modifications apportées par les lois d'institution des commissaires-priseurs et celles des courtiers de commerce, qui ne pouvant pas faire de ventes en détail ne doivent pas nous occuper ici.

235. Les commissaires-priseurs ne furent d'abord établis que pour le département de la Seine; plus tard leur institution fut étendue aux autres départemens.

La loi du 27 ventôse an 9 (18 mars 1801) fixa leur nombre à quatre-vingts, et leur concéda le droit exclusif de procéder aux prisées de meubles et ventes publiques aux enchères d'effets mobiliers qui auraient lieu à Paris, et en outre celui de faire ces prisées et ventes de meubles concurremment avec les notaires, greffiers et huissiers dans l'étendue du département de la Seine.

236. Par suite de la loi du 28 avril 1816, qui accorde au roi la faculté de nommer des commissaires-priseurs partout où il le jugera convenable, une ordonnance du 26 juin 18 6, rendue pour l'application de cette loi, accorda aux commissaires-priseurs nommés dans les chef-lieux d'arrondissement le droit de faire exclusivement toutes les prisées de meubles et ventes publiques aux enchères qui auraient lieu dans le chef-lieu de leur établissement, ainsi que la concurrence pour les opérations de même nature qui se feraient

dans l'étendue de leur arrondissement, à l'exception des villes où résiderait un commissaire-
priseur. Cette concurrence pour les commissaires-
priseurs établie dans les villes qui ne sont pas
chef-lieux d'arrondissement, se borne à l'étendue
de leur canton.

Mais d'un autre côté il a été décidé par la cour
royale de Rouen, le 17 mai 1817, que le droit exclusif conféré au commissaire-priseur établi dans
une ville s'étendait aux communes situées hors de
l'enceinte de cette ville, quoiqu'il y eût dans cette
commune une administration municipale parti-
culiére et indépendante de celle de la ville ; et la
cour de cassation, par un arrêt du 22 mars 1832,
tout en approuvant le système proclamé par cet
arrêt, en a restreint cependant l'application en
décidant que le droit exclusif des commissaires-
priseurs ne s'étendait à ces communes que lorsqu'elles n'étaient qu'un faubourg de la ville, lorsqu'elles ne formaient avec elle qu'une même ag-
glomération d'édifices et de population, lorsqu'enfin elles dépendaient de la même justice de paix.

237. Toutefois lorsque la loi permet la concurrence entre les greffiers et les officiers ministé-
tériels dont nous venons de parler, le choix de
l'officier par lequel une prisée ou une vente de
meubles doit être faite appartient à celui qui a la
propriété ou l'administration du mobilier, et quand
la vente intéresse plusieurs personnes qui ne peuvent convenir de ce choix, c'est au président du

tribunal ctvil qu'il faut recourir pour la nomination de l'officier priseur.

238. Aujourd'hui la prisée des meubles est devenue une formalité nécessaire dans tout inventaire juridique. L'art. 943 du code de procédure civile, § 3, porte en effet « que tous les inventaires » doivent contenir la description et l'estimation » des effets à inventorier, laquelle doit être faite » à juste valeur et sans *crue*, » c'est à dire sans augmentation ou supplément de prix.

239. Le droit d'estimer les meubles ou d'en faire la prisée est du reste confondu aujourd'hui, comme sous l'ancien droit, avec celui de faire la vente des mêmes objets.

240. On a prétendu que le notaire, qui procédait à un inventaire, ne pouvait pas faire lui-même la prisée des meubles ; mais cette prétention a été repoussée par la cour de cassation, et aujourd'hui l'affirmative sur cette question n'est plus contestée.

241. On a soutenu aussi que le notaire ou le greffier qui faisait une prisée ne pouvait se faire assister dans cette opération par des gens de l'art ; mais la cour royale d'Orléans a réformé un jugement du tribunal de Montargis qui avait admis cette prétention. Notre *Comm. des ventes pub.*, p. 130, no 52 ; Annales *de la science des juges de paix*, vol. de 1838, p. 22.

242. Il est toutefois des circonstances où la loi autorise les parties à faire estimer des meubles et effets mobiliers par des experts, sans recourir au ministère des greffiers ou des officiers ministériels

dont nous venons de parler. Ainsi lorsqu'en exécution de l'art. 480 du code de commerce les syndics d'une faillite dressent l'inventaire des meubles du failli, ils peuvent se faire aider pour l'estimation par qui ils jugent convenable; ainsi encore lorsque, voulant profiter du bénéfice à eux accordé par l'art. 453 du code civil, les père et mère qui ont la jouissance légale des biens d'un mineur veulent garder les meubles pour les remettre en nature, l'estimation qu'ils doivent en faire faire doit être opérée par un expert nommé par le subrogé tuteur, qui pour les désigner peut ne s'en rapporter qu'à son bon plaisir : néanmoins, même dans ces cas, rien n'empêche que ces estimations ne soient faites par le greffier, s'il est désigné par le syndic ou par le subrogé tuteur.

243. Il est défendu aux officiers priseurs de faire aucune prisée ni description de livres (Arrêt du conseil du 28 février 1823). Elles doivent être faites par deux libraires qui font un inventaire particulier de ces objets, lequel est annexé à celui du notaire; ces livres ne peuvent même être vendus aux enchères qu'après une prisée faite dans cette forme.

244. A l'égard des autres objets, comme l'argenterie, les pierreries, pour lesquels le concours d'experts ou gens de l'art a été jugé nécessaire il n'en peut être nommé que deux pour chaque espèce d'effets : ils prêtent serment entre les mains du notaire si le juge de paix n'est pas présent, et ils doivent toujours être assistés de l'officier pri-

seur, qui signe conjointement avec eux la minute de l'inventaire. Pigeau, *Proc. civ.*, t. 2, p. 337.

245. L'art. 1er de la loi du 22 pluviôse an 7 exige la présence et le ministère d'un officier public pour toutes les ventes publiques et aux enchères de meubles, effets, marchandises, bois, fruits, récoltes et de tous autres objets mobiliers ; il faut donc pour qu'une vente ne puisse être faite sans la présence de l'un des officiers dont nous avons parlé plus haut deux conditions : 1o qu'elle soit publique ; 2o qu'elle soit faite *aux enchères*, c'est à dire à la suite d'offres faites par plusieurs personnes de l'acquérir moyennant des prix successivement plus élevés, et l'on ne serait pas fondé à appliquer les dispositions de cette loi aux ventes publiques faites à cri public, mais à prix fixe ; mais, comme le but des enchères est atteint par une adjudication au rabais, c'est à dire par l'offre d'une chose à un prix qui est diminué graduellement jusqu'à ce que l'amateur déclare l'acheter pour ce prix, la vente au rabais doit être assimilée à la vente aux enchères et soumise aux mêmes conditions. C'est ce qui a été décidé par la cour de cassation le 14 novembre 1818. Voyez aussi à l'appui de cette solution une circulaire de la régie du 3 mars 1832.

246. Avant la loi du 25 juin 1841 les officiers priseurs pouvaient procéder à la vente de toutes sortes d'objets mobiliers, quels qu'ils fussent, sans avoir à examiner si la vente était volontaire ou forcée ; mais depuis la promulgation de cette loi les ventes volontaires en détail de marchandises neuves à cri

public, *soit aux enchères, soit au rabais, soit à prix fixe proclamé* avec ou sans l'assistance des officiers publics sont complétement interdites. Cette loi n'excepte de cette défense que les ventes à cri public de comestibles et objets de peu de valeur connus dans le commerce sous le nom de menue-mercerie, ainsi que les ventes prescrites par la loi ou faites par autorité de justice, après décès, faillite, cessation de commerce, ou dans tous les autres cas de nécessité dont l'appréciation reste soumise au tribunal de commerce.

247. Les ventes après cessation de commerce ou dans les autres cas de nécessité ne peuvent avoir lieu qu'autant qu'elles ont été préalement autorisées par le tribunal de commerce, sur la requête du commerçant propriétaire, à laquelle doit être joint un état détaillé des marchandises. Le tribunal constate par son jugement le fait qui donne lieu à la vente et indique le lieu de son arrondissement où elle doit être faite; il peut même ordonner que les adjudications n'auront lieu que par lots dont il fixe l'importance; et déterminer la classe d'officiers publics où devra être choisi celui qui sera chargé de la réception des enchères. Loi du 25 juin 1841, art. 5; *notre comm. des Ventes pub.,* p. 145, nº 81 et suiv.

248. Des affiches apposées à la porte du lieu où se fait la vente, doivent énoncer le jugement qui l'a autorisée. *Ibid.*

249. L'autorisation ne peut être accordée pour cause de nécessité qu'au marchand sédentaire,

ayant, depuis un an au moins, son domicile réel dans l'arrondissement où la vente doit être opérée, et l'autorisation pour cause de cessation de commerce, peut être accordée aux marchands ambulans.

0. Les greffiers et autres officiers priseurs dont nous parlons remplissent les fonctions attribuées par les anciens édits aux huissiers priseurs; ils ne peuvent donc vendre que les objets dont la vente était accordée à ceux-ci, c'est à dire des effets corporels qui se meuvent et sont susceptibles d'être exposés aux yeux des enchérisseurs et que la loi permet de comprendre dans une saisie-exécution ou dans une saisie-Brandon, (C. civ., art. 520, 521, 528, 531, 552, 533, 534 et C. de proc. civile, 592, 620 et 621); mais ils ne peuvent vendre ces mêmes objets lorsqu'ils sont immeubles par destination, non plus que les biens qui n'ont pas de corps et dont l'importance est idéale, tels que les simples droits, les actions, les créances, etc. etc.

251. Quant aux objets qui sont mobilisés ou ameublis par l'effet de la vente seulement, tels que les récoltes sur pied, les maisons et bâtimens à démolir, ils ne peuvent être faits que par le ministère des notaires ; c'est ce qui est aujourd'hui unanimement décidé par la jurisprudence. Cass., 1er juin 1822, 6 juillet 1831, 4 juin 1834, 11 mai 1837 et 28 août 1838.

252. On a longtemps contesté aux officiers priseurs et aux greffiers notamment le droit d'insérer, dans leurs procés-verbaux de vente, des stipula-

tions de terme ou de cautionnement; mais un arrêt de la cour de cassation a formellement reconnu ce droit aux commissaires priseurs. Voici le texte de cet arrêt qui juge cette question tout à fait *in terminis :*

« Attendu qu'en matière de vente volontaire de meubles, d'après les lois des 27 ventôse an 9 et 28 avril 1816, les commissaires priseurs ont seuls le droit de vendre les meubles aux enchères publiques ; — Que ce droit leur est attribué dans le chef-lieu de leur étabiissement, à l'exclusion de tous les officiers ministériels et autres; — Qu'ainsi les notaires ne peuvent, dans lesdits lieux, procéder concuramment avec les commissaires prisenrs à ces sortes de ventes, ni s'en attribuer le droit, contre la disposition positive de la loi , au moyen de la stipulation du crédit quelconque accordé aux adjudicataires ; — Que les lois de l'an 9 et de 1816 ne prohibent point aux commissaires-priseurs et autres vendeurs de meubles, d'accorder aux adjudicataires crédit et délai pour le paiement ; — Qu'une telle prohibition, qui n'aurait pu être établie que dans l'intérêt du vendeur, n'au rait eu d'autre effet que de rendre le commissaire-priseur responsable envers le vendeur de tout ce qui aurait été fait au contraire, et n'aurait pu profiter aux notaires ou autres officiers publics, qui, dans aucun cas, ne peuvent, dans le lieu de l'établissement des commissaires-priseurs , faire des ventes de meubles aux enchéres, soit au comptant, soit à crédit; — Qu'en cet état, il est évident que ces sortes de ventes à crédit, qui seules, dans un grand nombre de cas ou de lieux, portent à leur juste valeur les objets qui sont à vendre, peuvent avoir lieu par le ministère des commissaires-priseurs par la volonté du vendeur, ou sous la responsabilité de l'officier public, lorsque l'un et l'autre veulent bien, à leurs risques et périls, suivre la foi des adjudicataires, en se conformant à un usage presque universel, et qui paraît n'avoir engendré aucun notable inconvénient; — Que cette manière de procéder ne porte aucune atteinte au droit qu'ont seuls les notaires de donner force exécutoire aux conventions des particuliers; — Que, dans tous les cas, les notaires, investis de fonctions plus importantes, n'ont ni droit ni intérêt à s'immisser dans celles des commissaires priseurs. »

253. Lorsque l'objet d'une vente est d'une nature complexe et que chaque espèce de biens ne peut se diviser facilement pour être vendu par l'officier public compétent, la vente doit être faite par l'officier qui a le droit de faire la vente du principal objet, car la cour de cassation a décidé le 23 mars 1836, que ce droit emportait celui de procéder à la vente des objets nécessaires.

254. Quant oux ventes publiques et marchandises en gros, elles sont dans les attributions exclusives des courtiers de commerce; mais dans les endroits où il n'y a pas de courtiers, les greffiers, huissiers et autres officiers priseurs peuvent faire ces ventes, en se soumettant toutefois aux lois qui les régissent.

V. décret du 17 avril 1812 ; ord. du 1er juillet 1818 et du 9 avril 1819; et L. du 25 juin 1841 , art. 10; *Notre comment.* des *vent. publiq.*, p. 57 et suiv.

255. L'art. 486 du c. de com. et l'art. 4 de la loi du 25 juin 1841, autorisent le juge commissaire d'une faillite, qui prescrit la vente des effets mobiliers et marchandises du failli, à désigner pour cette vente, la classe d'officiers publics qui y procéderaf néanmoins nous ne pensons pas que dans ce cas le juge commissaire puisse faire cette désignation sans avoir égard aux régles d'attribution ordinaires. *Ibid.*, p. 143 ; ANNALES de la science des juges de paix, vol. de 1842, p. 134.

256. Dans tous les cas, le mobilier du failli ne peut être vendu aux enchéres que par le ministére des greffiers de justice ds paix, huissiers et commissaires priseurs.

257. Il est certains objets qui doivent ou peuvent être vendus par d'autres que par les officiers priseurs dont nous parlons, tels sont les navires et bâtimens de mer lorsqu'il s'agit de vente forcée ; tels sont encore les objets abandonnés ou devenus inutiles dans les casernes, les hôpitaux militaires, postes ou arsenaux, dans un greffe; celles d'objets saisis au confisqués pour contravention aux lois fiscales; les effets mis hors d'usage dans les édifices, meublés aux dépens du trésor public, le mobilier de l'état, etc. L'ordonn. du 1er août 1827, la loi du 2 nivôse an 4 et l'arrêté du 28 nivôse an 6 déterminent la régle à suivre pour ces ventes et la personne chargée d'y concourir.

258. Avant de procéder à une vente publique de meubles, même lorsqu'il s'agit d'effets mobiliers dépendant d'une faillite, la déclaration de cette vente doit être faite au bureau de l'enregistrement dans les arrondissemens où se trouvent situés ces objets et dans celui dans lequel la vente doit avoir lieu, dans le cas où l'on fait par un seul et même procès-verbal une vente d'objets appartenaut à plusieurs personnes, une seule déclaration suffit.

259. Cette déclaration ne peut être suppléée ; mais elle peut être faite par un fondé de procuration spéciale, laquelle doit mentionner l'empêchement de l'officier public mandant, et être annexée aux registres des déclarations sans être astreinte à la formalité de l'enregistrement.

260. Cette déclaration doit être datée et contenir, 1o les nom, qualités et domicile de l'officier qui fera la vente ; 2o ceux du requérant ; 3o ceux de la personne dont le mobilier est mis en vente ; 4o l'indication de l'endroit où se fera la vente ; 5o celle du jour de son ouverture ; elle doit être signée par l'officier public qui l'a faite, et il doit lui en être délivré une copie sans autres fraits que le prix du papier timbré sur lequel cette copie est délivrée. Loi du 22 pluviôse an 7, art. 2 et 3.

Elle doit être renouvelée chaque fois qu'après une interruption on procède à une nouvelle vente, à moins toutefois que le procès-verbal de la dernière vacation, n'indique le jour ou l'opération sera reprise. V. décision ministérielle du 24 mars

1820 et une délibération de la régie du 21 déc. 1822.

261. La vente des livres, presses, caractères et autres ustensiles d'imprimerie, doit être précédée d'une déclaration au bureau de la librairie, dans les villes où il y en a, et au procureur du roi dans les villes où il n'y en a pas. Le titre de chaque ouvrage doit être exactement énoncé, lors de la criée et dans le procès-verbal. C'est ce que décide une instruction ministérielle de la justice du mois de décembre 1824; et quant aux caractères et ustensiles d'imprimerie, ils ne peuvent être adjugés qu'à des imprimeurs brevetés. Décret du 2 fév. 1811.

262. Une déclaration au bureau de garantie doit procéder la mise en vente d'effets d'or et d'argent (circ. du 28 juin 1823); l'omission de cette déclaration par un officier-priseur, le rend passible de poursuites disciplinaires seulement. Cass., 25 fév. 1824.

263. Une vente de meubles qu'elle soit volontaise ou forcée, peut toujours être faite un jour de dimanche. C. proc. 617.

264. Le procès-verbal de vente doit commencer par la transcription de la déclaration faite au bureau de l'enregistrement et contenir ensuite les comparutions, dire et réquisitions des parties, ainsi que la mention des actes et titres en vertu ou à la suite desquels on procède à la vente (Loi du 22 pluviose an 7, art. 5 et 7 et loi du 16 juin 1824, art. 10); puis ensuite l'adjudication de chaque objet mis en vente doit y être portée en toutes lettres et tirée hors ligne en chiffre. Il suffit du reste qu'un article ait

été exposé en vente pour qu'il y ait obligation de le porter au procès-verbal, soit que l'adjudication ait eu lieu ou que les objets aient été retirés faute d'enchérisseur.

265. Chaque séance, chaque vocation doit être close et signée par l'officier vendeur et deux témoins domiciliés dans la commune où se fait la vente.

Cet officier a la police de sa vente et peut faire toute réquisition pour y maintenir l'ordre. Il exécute dans cette opération un mandat de justice et il a seul droit de déterminer les articles et lots de vente, de faire discuter par les concurrens le bénéfice d'une double enchére s'il y en avait, de choisir le crieur qni l'aide dans l'accomplissement de ses fonctions, de mettre en demeure par une simple interpellation verbale, l'adjudicataire qui refuserait de payer comptant le prix de son adjudication et de remettre en vente à l'instant même.

266. Toutefois dans les ventes de mobiliers qui sont forcées, la vaisselle d'argent, les bagues et joyaux de la valeur de trois cents francs au moins, ne peuvent être vendus, la vaisselle au-dessous de sa valeur réelle et les bagues et joyaux au-dessous de l'estimation qui en a été faite par les gens de l'art. Quoique cette disposition ne soit pas prescrite pour les ventes de meubles appartenant à des mineurs, il n'en est pas moins prudent de l'observer.

Il ne peut non plus recevoir des adjudicataires aucune somme au-dessus de l'enchére, sous peine de concussion, ni s'adjuger à lui même.

267. Mais il pourrait recevoir toutes les déclarations qui concernent la vente, recevoir et viser
toutes les oppositions, introduire tout référé et citer
à cet effet, par son procès-verbal, les partfes intéressées devant les juges compétens. V. Ord. du 26
juin 1816.

268. Lorsqu'une vente a lieu par suite de saisie
exécution, elle ne peut être faite que huit jours au
moins après la saisie et après l'accomplissement des
formalités voulues par les art. 614 et suiv. du code
de procédure civile.

269. Lorsqu'il s'agit d'un autre côté de la vente
de meubles indivis ou bien de meubles compris
dans une succession litigieuse ou accepté sous bénéfice d'inventaire; c'est aux articles 945 et suivans du code de procédure qu'il faut s'en référer
pour les formalités à remplir. V. C. civ. 796, 805,
814 et 826.

270. Toutes les fois que l'officier vendeur n'a pas
été formellement déchargé de la responsabilité du
prix des adjudications, il en est garant vis-à-vis des
ayant-droit à la propriéte des objets vendus. Cette
responsabilité existe pour les ventes forcées. Elle
ne doit s'appliquer qu'aux objets qui ont été livrés
à crédit, si quelqu'objet avait été adjugé, mais non
livré, le prix n'en pourrait être mis à la charge de
l'officier public, faute d'avoir été payé comptant
par l'adjudicataire.

271. Toutes les fois qu'il s'agit d'une vente forcée, il est d'usage à Paris que l'officier vendeur ne
rnde ses comptes de vente que trois jours francs

après la vente : aucune loi n'autorise que nous sachions, cet officier à garder ainsi, pendant trois jours les fonds qu'il a encaissés et nous croyons qu'il engagerait fortement sa responsabilité en refusant de vider ses mains pour solder un créancier à la requête duquel il aurait procédé à la vente et nous pensons qu'il sera toujours prudent à lui d'en référer immédiatement au président du tribunal civil, dans le cas où il serait sommé de rendre son compte immédiatement après la vente.

272. Mais s'il y a opposition à la remise des deniers, l'officier vendeur doit opérer le versement des sommes qu'il a encaissées, entre les mains des directeurs de la caisse des dépôts et consignation. Ce versement doit être fait, à peine de contrainte et même de révocation, dans la huitaine qui suit le mois accordé aux créanciers et aux parties saisies pour convenir, s'il y a lieu, de la distribution par contribution. Code de procédure civile 656 et 657.

273. Le particulier qui charge un officier priseur de faire une vente de meubles, peut au contraire, lorsque la vente est volontaire, se réserver le droit de toucher le prix des adjudicataires. On avait prétendu que cette faculté n'existait plus en présence de l'ordonnance du 3 juillet 1816; mais un arrêt de la cour de cassation du 26 juillet 1827, a rétabli les vrais principes en décidant que rien ne s'opposait à ce qu'un officier priseur ne consentit à insérer une semblable clause dans son procès-verbal; « Attendu notamment, dit l'arrêt, que tout propriétaire a droit d'user à son gré de sa chose, toutes les fois

qu'une loi ou des règlemens de l'autorité publique ne s'y opposent pas; que ni les lois en vigueur, ni l'ordonnance du 3 juillet 1816 ne s'opposent à ce qu'un propriétaire, en chargeant un officier ministériel de faire la vente de ses meubles, se réserve le droit d'en recevoir directement le prix; qu'il s'ensuit seulement qu'aucune responsabilité ne pèse à cet égard sur l'officier public, et enfin que l'ordonnance du 3 juillet 1816 n'a pas voulu déroger à ces principes de droit commun, mais seulement prévenir les abus qui résulteraient de la conduite des officiers publics qui, dans le cas où des deniers provenant des ventes ordonnées par justice ou de recettes particulières arrêtées entre leurs mains par opposition, les conserveraient ou refuseraient de les verser dans les caisses de consignations, etc. »

274. Quand les deniers provenant d'une vente sont restés, du consentement des parties intéressées, entre les mains de l'officier qui a fait la vente, il n'en est pas moins tenu de consigner, s'il en est requis par un créancier. Cass., 12 décembre 1826.

275. Lorsque le produit d'une vente de meubles doit servir à payer des frais d'inventaire, de scellés et ceux de la vente elle-même, aucun privilége ne peut être invoqué pour cette dernière créance sur les autres; elles se composent toutes de frais qui ont la même nature, la même cause et le même but; s'il y a insuffisance de deniers pour payer chaque créance, il doit être fait une distribution entre

elles au centime le franc. Cass., 8 décembre 1825.

276. La caisse des consignations a, pour le service qui lui est confié, des préposés dans toutes les villes du royaume où siége un tribunal de première instance. Ce sont les receveurs généraux et les receveurs particuliers des finances; c'est donc entre leurs mains que doivent être faites les consignations à opérer dans ces villes. V. Ordonnance du 3 juillet 1816, art. 11.

277. S'il n'y a pas d'opposition, le produit net de la vente est remis, moins les frais de la taxe, desquels nous nous occuperons plus loin, à celui qui a qualité pour le recevoir; il en donne décharge ou quittance. Cette décharge peut être mise à la suite ou en marge du procès-verbal de vente; mais dans ce cas, elle doit être rédigée en forme authentique, et l'officier public doit attester la comparution de la partie devant lui pour régler le reliquat de la vente dont elle lui a donné décharge. Cet acte est signé tant par l'officier public que par la partie, et si la partie ne sait pas signer, par un officier de la même qualité ou par deux témoins. Il doit être enregistré dans les délais ordinaires, moyennant un droit fixe de deux francs. Loi du 28 avril 1816, art. 43, no 8.

§ 4. *De la garde des minutes et de la délivrance des expéditions et extraits.*

278. On appelle minute l'original d'un acte

qui reste en dépôt entre les mains d'un officier public.

279. Le greffier est spécialement chargé de garder les minutes des actes auxquels il a concouru et de ceux qui existaient au greffe au moment où il en a pris possession.

280. Aussi, en cas de mutation de greffier, on dresse un état des registres, papiers et minutes du greffe; cet état, libellé sans frais par celui qui prend possession du greffe en présence du juge de paix, est signé par ce dernier et le nouveau greffier, qui en même temps donne au bas de cet état une décharge à son prédécesseur ou à ses héritiers. (V. Décret du 18 juin 1811, art. 130.) Il doit être en général gardé minute de tous les actes de la justice de paix pour lesquels le concours du greffier est nécessaire; on exempte toutefois de cette formalité les actes de notoriété et ceux reçus par le juge de paix comme officier de police judiciaire. L. 25 ventôse an 11 et code d'instruction criminelle, art. 53.

281. La loi du 13 brumaire an 7, art. 25, dispose ainsi : « Il ne pourra être fait ni expédié deux actes à la suite l'un de l'autre sur la même feuille de papier timbré, nonobstant tout usage ou réglement contraire. — Sont exceptées les ratifications des actes passés en l'absence des parties, les quittances de prix de vente et celles de remboursement de contrat de constitution ou obligation, les inventaires, procès-verbaux et autres actes qui ne peuvent être consommés dans un même jour et dans la

même vacation; les procès-verbaux de reconnaissance et levée de scellés qu'on pourra faire à la
suite du procès-verbal d'apposition, et les significations des huissiers, qui peuvent également être
inscrites à la suite des jugemens et autres piéces
dont il est délivré copie.— Il pourra aussi être donné
plusieurs quittances sur une même feuille de papier
timbré pour à-compte d'une seule et même créance
ou d'un seul terme de fermage du loyer. »

282. Toutefois il ne faudrait pas donner une interprétation trop judaïque aux termes de cette loi,
en refusant d'insérer sur une seule feuille de papier
timbré plusieurs actes qui se compléteraient sans
toutefois se modifier ; mais les jugemens ne sont
pas soumis à cette régle; au contraire, ils doivent
être portés à la suite les uns des autres sur une ou
plusieurs feuilles réunies en cahiers d'abord, puis
ensuite, chaque année, en forme de registre. Décret
du 30 mars 1808, art. 98.

283. Dans les cinq premiers jours de chaque mois
les juges de paix sont obligés à la vérification des
minutes du greffe en ce qui concerne les matiéres
civiles; ils en dressent un procès-verbal de récolement qui constate leur état matériel, et, s'il y en a, les
irrégularités, et lors de cette vérification le greffier
doit fournir au juge de paix toutes les explications
dont ce dernier croirait avoir besoin et répondre à
toutes ses observations.

Lorsqu'il s'agit des minutes du tribunal de police, c'est le procureur du roi qui est chargé de
la vérification.

284. Avant la loi du 28 pluviôse an 8 les minutes des actes de la justice de paix devaient être
déposées dans un local de l'administration municipale; mais aujourd'hui les lois qui ont établi et or-
ganisé les tribunaux de police, maintenant aux greffiers la garde et le dépôt de leurs actes, et l'art.
4040 du code de procédure les constituant gardiens
des minutes de la justice de paix à laquelle ils sont
attachés, il est nécessaire qu'il n'y ait qu'un seul
dépôt de toutes les minutes du greffe.

285. La commune chef-lieu de canton doit fournir au greffier un local pour le greffe. Les dispositions des lois du 26 frimaire an 4, et de l'arrêté du 28 brumaire an 6 qui prescrivaient aux
communes de fournir ce local, continuent toujours de subsister. V. ci-après, § 6.

286. Les greffiers de justice de paix étant, ainsi
que nous venons de le dire, dépositaires et gardiens
des minutes de leur tribunal, le juge de paix lui-
même n'a pas le droit de les prendre, de les emporter hors du greffe; autrement on ne compren-
drait plus les motifs des dispositions de lois qui
veulent que les greffiers soient condamnés à des
dommages et intérêts envers la partie lésée si une
de ces minutes venait à se perdre par leur faute,
soit que cette perte soit la suite de manque de
soin, soit qu'elle ne soit que le résultat d'un vol ou
de la prévarication. V. ANNALES, vol. de 1842,
p. 12.

287. Le cautionnement déposé par eux est alors

le gage qui garantit l'efficacité de cette responsabilité, et l'art. 173 du code pénal indique la pénalité qui frappe le greffier incapable ou prévari-
cateur.

2?8. Mais si, par force majeure ou cas fortuit,
une minute venait à être perdue ou lacérée, le
greffier devrait pourvoir à son remplacement en y
substituant une expédition s'il en avait été déjà délivré, ou, à son défaut, un extrait du registre de
l'enregistrement.

289. Pour qu'un greffier puisse se dessaisir d'une
minute, il faut qu'il agisse en exécution d'une loi
ou d'un jugement Si cette minute n'intéresse aucun tiers, il la remet à la personne désignée sans
aucune formalité, et sur simple décharge; mais,
dans le cas contraire, il doit, avant de s'en dessaisir,
en faire certifier par le juge de paix une copie qui
tient la place de cette minute tant qu'elle ne lui
est pas restituée.

290. Enfin, lorsque le greffier doit déplacer un
acte de greffe, s'il n'a pas été formellement indiqué
que ce déplacement aura lieu par l'apport ou l'envoi de la minute, c'est une expédition que le greffier doit fournir.

29?. Le greffier est chargé de la délivrance des
expéditions des actes de la justice de paix. La loi
du 26 octobre 1790 voulait que ces expéditions fussent signées du juge de paix et du greffier; cependant l'article 40 du code de procédure a concédé
aux greffiers le pouvoir de délivrer seul et de cer-

tifier les expéditions; mais le sceau de la justice de paix doit être apposé à côté de la signature du greffier. Ord. 19 novembre 1830.

292. Aucune expédition d'un jugement ne peut, à peine de faux, être délivrée avant que la minute ait été signée par le juge qui a prononcé ce jugement. (C. proc., art. 139) Tout acte doit aussi avant d'être expédié être enregistré, et l'expédition doit contenir la transcrption complète et textuelle de la quittance des droits d'enregistrement. L. 22 frim. an 7 et 16 juin 1824.

293. Dans le cas où le greffier refuserait ou serait dans l'impossibilité de signer la minute d'un acte, le juge de paix doit en signant faire mention de cet empêchement ou de ce refus.

294. Si, au contraire, c'était le juge de paix qui ne voulût ou ne pût pas donner sa signature, le greffier devrait en prévenir le procureur du roi de son ressort, qui en référerait au tribunal civil, lequel alors autoriserait un des suppléans ou le juge de paix le plus voisin à signer ce jugement, sauf dans ce cas, de la part du procureur du roi ou des parties intéressées, à se pourvoir devant la cour royale du ressort, à l'effet de faire statuer sur le refus ou l'impossibilité dont nous parlons.

295. Les jugemens sont les seuls actes des juges de paix qui doivent être délivrés sous la forme exécutoire; mais pour avoir le droit de requérir la grosse d'un jugement il faut avoir été partie au procès, et le greffier doit toutes les fois qu'il déli-

vre une grosse faire mention sur la minute et sur l'expédition de la délivrance et de la partie à qui elle a été faite, car cette même partie ne pourrait obtenir une seconde grosse qu'en vertu d'une ordonnance du juge qui a rendu le jugement. C. civ., 844 et suiv. et C. proc., 854.

296. La question de savoir comment on doit procéder devant la justice de paix, lorsque chacune des parties ayant obtenu l'adjudication de sa conclusion, les dépens ont été compensés, a donné lieu à de nombreuses controverses. On sait qu'en principe les frais sont compensés entre les parties lorsqu'elles ont succombé chacune sur quelque point de leurs prétentions, ou lorsqu'étant l'une et l'autre demanderesses, leurs conclusions ou une partie de leurs conclusions leur ont été à chacune adjugées. Dans ce dernier cas surtout, il peut arriver que l'une et l'autre partie aient intérêt à faire signifier le jugement, à obtenir un titre exécutoire. Suivant Carré et Thomine, n° 996, toute personne qui a été partie au procès a le droit d'exiger une grosse; Pigeau au contraire, *Procédure civile*, livre 2, partie 3, titre 7, décide qu'il faut remettre la grosse à la partie qui a l'intérêt principal. Mais il n'est pas toujours facile de décider laquelle des deux parties a l'intérêt principal; il semble que lorsque chacune d'elles est fondée à réclamer contre l'autre l'exécution du jugement, lorsqu'elles peuvent réciproquement contraindre et poursuivre des condamnations obtenues, elles ont droit à se faire déli-

vrer chacune une grosse. Bioche et Goujet, au mot *grosse*, no 274, soutiennent cependant qu'il ne peut être délivré plusieurs grosses d'un jugement, la multiplicité de ces actes, également exécutoires, pouvant avoir, disent-ils, de graves inconvéniens; celui par exemple d'élever des conflits entre les divers porteurs de grosses. « Dans l'usage, ajoutent-ils, le jugement décide la question en attribuant à l'une des parties la levée du jugement à la charge d'en aider les autres; si la question n'a pas été décidée, la partie qui, par sa diligence, a obtenu l'expédition du jugement est tenue de la remettre après s'en être servie aux autres parties, par cela seul qu'elle détient une chose commune; mais dans aucun cas on ne peut délivrer de grosse par extrait. »

297. Devant les tribunaux de première instance, la signification et le *réglement des qualités* indique au greffier la partie qui poursuit l'exécution du jugement et à laquelle il doit remettre la grosse; il n'en est pas de même devant les juges de paix, puisque les qualités ne s'y notifient pas. Si deux parties se présentent et consignent en même temps les frais de l'expédition entre les mains du greffier de la justice de paix, il doit examiner laquelle a obtenu le jugement, laquelle est restée débitrice de l'autre; et s'il y a du doute et que l'une et l'autre des parties s'oppose formellement à ce que la grosse soit. remise à son adversaire, il ne doit pas prendre sur lui de décider la question; il doit les renvoyer à se pourvoir. ANNALES, vol. de 1842, p. 299.

298. Les articles 844 et 845 du code de proc. civile donnent les règles à suivre pour la délivrance des secondes grosses d'actes passés devant notaire.

D'après l'art. 854 du même code « une seconde expédition exécutoire d'un jugement ne sera délivrée à la même partie qu'en vertu d'ordonnance du président du tribunal où il aura été rendu. — Seront observées les formalités prescrites pour la délivrance de secondes grosses des actes devant notaire. »

299. Les auteurs ne sont pas d'accord sur la nécessité de dresser un procès-verbal de la délivrance d'une seconde grosse; d'après Chauveau (t. 2, p. 327), le procès-verbal est toujours nécessaire, soit qu'il y ait consentement du débiteur, soit qu'il y ait contestation. Carré (de Rennes) et Demieau Crouzilhac sont du même avis; mais Carré (*taxe en matière civile*) prétend que le procès-verbal n'est nécessaire que lorsque les difficultés s'élèvent sur la délivrance.

L'art. 168 du tarif accorde des honoraires aux notaires pour vacation aux procès-verbaux qu'ils dressent.

Les greffiers des justices de paix peuvent être aussi appelés à délivrer une seconde grosse ou une seconde expédition exécutoire, et en vertu des art. 844, 845 et 854 du code de procédure civile, à dresser un procès-verbal et assister aux référés. — Mais loin que des honoraires leur soient accordés, soit pour vacation, soit pour rédaction du procès-verbal, l'art. 11 du tarif porte « qu'il ne sera rien taxé aux greffiers pour tous actes de greffe autres que ceux y désignés. » Le greffier de justice de paix ne pourrait donc exiger pour la délivrance d'une seconde grosse d'autres frais ou taxe que ceux de papier timbré et d'expédition.

300. Les expéditions qui seraient réclamées par des tiers étrangers au procès ne doivent jamais être accompagnées de la formule royale. — V. ci-après *Formules*.

301. A l'égard des actes de greffe, ils sont expédiés dans la forme ordinaire des actes, et les parties qui y sont intéressées en nom direct ont seules droit d'en requérir des expéditions.

302. En matière de simple police les parties intéressées ont le droit d'exiger des expéditions de la plainte, de la dénonciation et du jugement, mais les expéditions des autres pièces de la procédure ne peuvent être délivrées qu'avec l'autorisation du procureur général. Décret 18 juin 1811, art. 56 et 61.

Les expéditions, quelles qu'elles soient, doivent contenir textuellement et fidèlement la copie de la minute sans en rien retrancher ni ajouter. C. pén., 146.

303. On comprendra toutefois qu'il y a quelquefois nécessité d'ajouter quelques énonciations indispensables à la compréhension des textes, et aussi que s'il existe sur la minute quelque vice, comme surcharge, rature, interligne, etc., le greffier doit

les constater, car autrement, l'expédition ne serait pas la reproduction fidèle de cette minute.

304. Il convient anssi, pour éviter toute fraude ou prévenir toute supposition de feuille, de parapher chaque rôle en particulier et de mentionner à la fin de l'expédition cette formalité et le nombre de rôles que contient cette expédition.

305. Quant aux extraits, ils doivent mentionner la nature du dépôt et de l'acte dont ils sont tirés, la date, les noms et qualités des fonctionnaires qui l'ont reçu, ainsi que les noms et qualités des parties, et ensuite toutes les énonciations nécessaires à l'usage pour lequel ils sont destinés ; ils doivent en outre comme l'expédition indiquer que l'officier qui le délivre est possesseur légal de la minute et offrir la transcription littérale de la mention d'enregistrement.

306. Toutes les expéditions délivrées par le greffier, à l'exception toutefois des jugemens, doivent être légalisées par le président du tribunal civil lorsqu'elles doivent être employées hors du département dans lequel exerce ce greffier. L. 27 mars 1791, art. 11, et 25 ventôse an 11, art 28.

307. Il arrive souvent que, pour la régularité des affaires, certains actes restent annexés à la minute dressée par les greffiers de justice de paix ; en général l'expédition d'un acte doit, pour être complète, contenir la copie littérale de la pièce annexée à la suite de l'acte expédié ; mais quelquefois aussi il su'fit de mettre à la suite de l'expédition un simple

extrait de cet acte annexé. Il est difficile d'établir une régle bien précise sur ce qui est le plus convenable de faire dans chaque cas ; disons seulement que les greffiers devront toujours copier la piéce annexée dans son entier lorsqu'ils se trouveront dans l'impossibilité de comprendre sur l'extrait toutes les expressions essentielles de cette piéce.

308. Les expéditions des jugemens définitifs qui ont été précédés d'une instruction ou d'un jugement préparatoire doivent comprendre ces actes d'instruction si ce jugement est susceptible d'appel; en effet il se rattache à ces actes, qui en sont la base et comme une partie nécessaire et intégrante. La loi défend, il est vrai, l'expédition des jugemens préparatoires et interlocutoires rendus contradictoirement en présence des parties (C. proc., art. 28; décret 28 juin 1811, art. 56); mais cette défense tend uniquement à prévenir la délivrance de ces expéditions et leur signification avant que l'instance soit consommée : ce qui le prouve c'est que la loi dit plus loin, art. 31, que ces jugemens pourront être attaqués par voie d'appel aprés le jugement définitif. Or pour qu'on puisse en appeler il est évident qu'ils doivent avoir été expédiés et signifiés. ANNALES DE LA SCIENCE DES JUGES DE PAIX, vol. de 1842, p. 246.

309. Du reste la question est formellement décidée par la loi du 26 octobre 1790. « Lorsque le jugement définitif, dit cette loi, titre 8, art. 6, ne sera pas sujet à appel il suffira de délivrer ce juge-

ment seul pour le faire mettre à exécution ; mais lorsqu'il y aura appel (ou lieu à appel) le greffier délivrera une expédition de la minute entière contenant la série des jugemens préparatoires, enquêtes, procés-verbaux de visite et autres actes qui ont formé l'instruction de l'affaire. »

310. Mais nous croyons qu'il sera toujours très prudent pour un greffier de ne faire ainsi ces expéditions qu'après en avoir prévenu les parties, et qu'il manquerait à la dignité de son ministére en refusant d'expédier un jugement définitif sans les annexes dont nous venons de parler.

311. Il est certain qu'un greffier peut délivrer des expéditions des actes sous seing privé annexés aux minutes de son greffe : mais nous pensons que lorsqu'il s'agit d'actes authentiques il ne devrait sur ce point satisfaire aux réquisitions d'une partie que dans le cas où le fonctionnaire possesseur de la minute serait trop éloigné pour que les parties pussent facilement se mettre en rapport avec lui, qu'il pourrait être poursuivi pour usurpation de fonctions dans le cas où il délivrerait une copie d'un acte dont la minute serait entre les mains d'un fonctionnaire de son arrondissement.

§ 5. *Des obligations des greffiers vis-à-vis du ministère public et des agens du fisc.*

312. Nous entendons par ministére public le fonctionnaire chargé de surveiller l'exécution des

lois dans l'intérêt de la société et de requérir l'application des peines en cas de crimes, délits ou contraventions.

313. Il n'y a pas de ministère public dans la justice de paix, mais dans les tribunaux de simple police les fonctions du ministère public sont remplies par le commissaire de police du lieu où siégent ces tribunaux, ou en cas d'absence par le maire ou son adjoint.

314. Membre du tribunal près lequel il exerce, le ministère public a le droit d'attendre du greffier tous les égards dus à un magistrat et peut exiger la communication, mais sans déplacement, de toutes les minutes des actes déposés au greffe du tribunal de police.

315. Il est du devoir des greffiers de fournir aux procureurs du roi tous les renseignemens qui leur sont demandés relativement aux affaires portées aux tribunaux de paix, ainsi que tous les documens relatifs aux actes de greffe; car ces derniers sont chargés généralement de surveiller tout ce qui concerne l'administration de la justice dans leurs arrondissemens.

316. Spécialement ils sont chargés de faire dans les cinq premiers jours de chaque mois la vérification des actes du tribunal de police; cette vérification se fait par un récolement des minutes sur le répertoire des greffiers, et le procès-verbal qui en est dressé constate l'état matériel et de situation des feuilles d'audience, minutes et actes du greffe. A

l'égard de ceux établis dans le ressort, hors du lieu où siége le tribunal de premiére instance, ils peuvent déléguer l'un des juges de paix qui n'a pas fait le service du tribunal dont les actes sont à vérifier. Ord. 5 novembre 1823, art. 4.

317. Au commencement de chaque trimestre le greffier doit en outre délivrer sans frais aux procureurs du roi l'extrait des jugemens de police qui ont prononcé la peine d'emprisonnement pendant le trimestre précédent. V. Code d'instr. crim., art. 178, § 1er.

318. Les greffiers de tribunaux de simple police sont en outre tenus de transmettre au receveur de l'enregistrement du canton dans la huitaine de la date des jugemens un état sommaire des jugemens non susceptibles d'opposition ou d'appel. Cet état doit être fait article par article et indiquer les noms, prénoms, qualités et demeures des condamnés, la nature de la contravention, ainsi que le chiffre de l'amende et des frais. Ord. 30 décembre 1823; Inst. min., 15 décembre 1823.

319. Ils doivent enfin transmettre au préfet du département, au commencement de chaque semestre, un relevé de tous les jugemens portant condamnation à une amende. Ce relevé doit contenir seulement la date des jugemens et l'indication des communes au profit desquelles les amendes sont prononcées.

320. Tous les actes civils et extrajudiciaires des greffiers en matiére civile, de même que tous les

jugemens de police, doivent aujourd'hui être enregistrés sur les minutes, brevets ou originaux. L. 28 avril 1816, art. 27.

321. Par suite l'enregistrement des actes de la justice de paix doit être fait dans le bureau du lieu où le greffier a sa résidence, à l'exception toutefois des procés-verbaux des ventes de meubles qui ne peuvent être enregistrés qu'au bureau où les déclarations préalables ont été faites. LL. 22 frimaire an 7, art. 26, et 22 pluviôse an 7, art. 6.

322. Les notaires, les greffiers et les huissiers ne peuvent faire aucun acte en conséquence d'un autre acte soumis à l'enregistrement avant qu'il ait été enregistré, quand même le délai pour l'enregistrement ne serait pas encore expiré. Mais si cet acte avait été reçu par eux, ils pourraient en énoncer la date avec la mention qu'il sera présenté à l'enregistrement en même temps que celui qui contient ladite mention. LL. 22 frimaire an 7, art. 41, et 28 avril 1816, art. 56.

323. Ces officiers publics ne peuvent, sous la même peine, faire ou rédiger un acte en vertu d'un acte sous seing privé ou passé en pays étranger, ni l'annexer à leurs minutes, s'il n'a été préalablement enregistré ; ils répondent même personnellement du droit dans le cas où cette énonciation aurait été faite par eux (L. 22 frimaire an 7, art. 42). De même et par suite du même principe un greffier ne peut annexer un acte sous seing privé à sa minute, ni le recevoir en dépôt, ni en

délivrer un extrait, copie ou expédition s'il n'a été préalablement enregistré. *Ibid.*, art. 42.

324. Tous les actes de la justice de paix, de même que les procès-verbaux de ventes mobilières dressés par les greffiers, doivent être présentés par le greffier à l'enregistrement dans le délai de vingt jours. Le jour de la date de l'acte ne compte pas dans ce délai, et si le jour de l'échéance est un jour de fête, il ne doit pas être compté non plus. *Ibid.*, art. 20 et 25, et 27 ventôse, art. 16; Avis du conseil d'état, 21 octobre 1809.

325. Ces délais courent pour tous les actes qui se divisent par vacations, comme les appositions de scellés, les ventes de meubles, etc., à partir de chaque vacation ou séance du procès-verbal, sans toutefois qu'on puisse critiquer l'officier qui présenterait plusieurs vacations à la fois à l'enregistrement si le délai pour l'enregistrement de la première n'était pas expiré.

326. L'art. 11 de la loi du 27 mai 1791, qui oblige les officiers publics à présenter leurs actes à l'enregistrement avant l'heure indiquée pour la clôture des bureaux, est toujours en vigueur; par conséquent les greffiers doivent se présenter au bureau de l'enregistrement entre huit heures du matin et quatre heures de l'après-midi, et les receveurs de l'enregistrement peuvent retenir et garder par devers eux pendant vingt-quatre heures les actes qui sont présentés à l'enregistrement. Décis. minist. 9 mars 1839. ANNALES, vol. de 1842, p. 248.

327. Les greffiers sont personnellement obligés au paiement des droits d'enregistrement dus pour les actes de leur ministère, à l'exception toutefois des droits dus pour les jugemens dont ils peuvent se dispenser lorsque les parties n'ont pas consigué le montant du droit entre leurs mains, sous la condition cependant de fournir au receveur de l'enregistrement des extraits par eux fortifiés de ces jugemens dans les dix jours qui suivent l'expiration du délai.

328. La remise de ces extraits se constate par un récépissé donné par le receveur de l'enregistrement, et le greffier doit faire mention de ce reçu sur son répertoire. L. 28 avril 1816, art. 38.

329. Chaque contravention est passible d'une amende égale au montant du droit de l'acte qui n'a pas été présenté : de plus, l'omission de l'envoi de l'extrait des jugemens non enregistrés soumet le greffier, non seulement au paiement du double droit, mais encore à une amende de 10 fr. pour chaque acte, quelle que soit la durée du retard.

330 Lorsqu'il y a une partie civile dans la poursuite d'un jugement de police, cette partie est tenue de déposer préalablement entre les mains du greffier la somme présumée nécessaire pour les frais de la procédure. (1)

---

(1) Si elle agissait sans le concours du ministère public elle ne serait pas obligée de consigner. Cass., 4 mai 1833. *Annales*, vol. de 1834, p. 28.

331. Quand ce dépôt n'a pas été fait, le greffier est dispensé de soumettre le jugement à la formalité de l'enregistrement : il est seulement obligé de se conformer à ce qui a été dit plus haut, pour la remise des extraits au receveur de l'enregistrement.

332. Les greffiers sont tenus, tous les trois mois, de représenter leur répertoire au receveur de l'enregistrement de leur résidence, qui le vise.

333. Ils doivent cette présentation dans les dix premiers jours du mois qui commence chaque trimestre, (janvier, avril, juillet et octobre) à peine d'une amende de 10 francs, quelle que soit la durée du retard.(2)

334. Ils doivent aussi, dans le cours de chaque trimestre, le communiquer aux préposés de l'enregistrement toutes les fois qu'ils en sont requis.

335. Les greffiers ne peuvent se servir pour écrire leurs actes, de quelque nature qu'ils soient, que des papiers soumis à la contribution du timbre et débités par la régie, à peine par chaque contravention, d'une amende qui, primitivement fixée à cent francs, a été réduite à vingt francs par l'art. 10 de la loi du 16 juin 1824.

Il n'y a d'exception à cette règle que pour les procès-verbaux dressés en exécution des différentes prescriptions du code d'instruction criminelle pour les actes de police générale et de vindicte publique.

---

(2) V. loi du 16 juin 1824, art. 10.

336. La régie délivre du papier de trois dimensions. Les greffiers peuvent indifféremment prendre l'un ou l'autre pour la rédaction des minutes ; mais aucune expédition, copie ou extrait d'acte, ne peut, sous peine d'une amende de dix francs, être délivrée que sur papier de 1 fr. 25 c. L., 28 avril 1816, art. 62 et 63.

337. L'empreinte du timbre ne peut être couverte d'écriture. sous peine d'une amende de cinq francs. (L., 13 brum. an 7, art. 21 et 26, et 16 juin 1824, art. 10.) Cette défense s'applique au timbre sec comme au timbre à encre. Cass., 4 juillet 1815.

338. Il est défendu aux greffiers comme à tous autres officiers publics, sous peine d'une amende de vingt francs, 1o d'employer à un acte quelconque un papier timbré qui ait servi à un autre acte ; 2o de faire deux actes à la suite l'un de l'autre sur la même feuille de papier timbré.

Il y a exception à cette dernière règle, 1o pour les quittances, qu'on peut écrire sur le même papier que l'obligation ; 2o pour les actes et procès-verbaux, qui peuvent ne pas être consommés dans un même jour et dans la même vacation comme ceux de vente et de scellés, les actes de notoriété ; 3o pour les jugemens, qui au contraire doivent être écrits à la suite des uns des autres sur des feuilles d'audience réunies en cahier, puis ensuite en registre, etc. (L., 13 brum. an 7, art. 22, 23, 26, et 16 juin 1824, art. 10.) Ces actes peuvent être écrits à la suite des uns des autres. Décis. minist. des finances, 27 août 824.

339. Les quittances et décharge de prix de ventes mobilières peuvent être également mises à la suite ou en marge des procés-verbaux de ventes. C'est ce qui a été décidé par un avis du conseil d'état du 7 octobre 1809; et enfin la loi du 13 brumaire an 7 permet aussi d'écrire les significattons à la suite des jugemens et autres pièces dont il est délivré copie.

340. Lorsque le procès-verbal d'une vente de meubles est présenté à l'enregistrement, le greffier qui l'a dressé est tenu de déclarer s'il a été ou non formé, entre ses mains ou ailleurs, des oppositions à la délivrance des deniers qui en sont le produit. Cette déclaration doit être signée et mise sur la minute du procès-verbal. Ordonn., 3 juillet 1846, art. 7.

341. Les préposés de la régie peuvent se transporter dans les lieux où se font des ventes publiques de meubles aux enchères et s'y faire représenter les procès-verbaux de vente et les copies des déclarations préalables, et sous aucun prétexte le greffier ne saurait refuser la communication de ces pièces. S'ils reconnaissent des contraventions, ils peuvent en dresser procès-verbal et même requérir l'assistance de l'autorité municipale. Cependant, pour faire foi, le procès-verbal doit avoir été dressé sur le lieu même où la contravention se commet. Un procès-verbal dressé dans le bureau

de la régie et sur la déclaration d'enchérisseurs ne peut devenir la base d'une condamnation. L., 22 pluviôse an 7, art. 8 ; Cass., 17 juillet 1827 et 14 juillet 1810.

§ 6. *De l'entretien du greffe et de la tenue des registres et répertoire.*

342. Les greffiers des justices de paix sont chargés, au moyen des allocations, remises et traitement qui leur sont accordés, ainsi que nous le verrons au chapitre suivant, de payer tous le frais de bureau, papier libre, encre, plumes, lumière, chauffage, registres, reliure des feuilles d'audience et généralement toutes les dépenses de greffe. Cependant la loi du 19 mai 1838 met à la charge du département les mêmes dépenses des justices de paix, et par conséquent les frais qui doivent être supportés par le greffier ne se composent que de ceux qui lui sont personnels ou particuliers au greffe. Ainsi, par exemple, il ne doit rien débourser pour le chauffage de la salle d'audience, l'entretien de la bibliothèque du tribunal, l'achat des clous, de la toile, de la cire pour les appositions de scellés, etc.

343. L'auditoire de la justice de paix doit comprendre un local pour le dépôt des actes et des archives du tribunal: ce local, que l'on appelle *greffe*, fait partie intégrante du tribunal; les frais de loyer et de réparation de ce local ainsi que ceux d'achat

par la loi du 17 juillet 1837 sont au nombre des dépenses obligatoires des communes chefs-lieux de
canton ; le budget de ces communes doit donc comprendre une somme pour ces frais : en cas d'omission ou d'insuffisance, le greffier pourrait réclamer
devant le préfet, qui a le droit d'inscrire d'office
cette allocation au budget de la commune. V. Loi
du 18 juillet 1837, art. 10, 30 et 39.

344. Nous n'hésitons pas à penser qu'un greffier
de justice de paix ne puisse emporter les minutes
chez lui, s'il n'existe pas de local convenable dans
les bâtimens où le juge donne ses audiences, et exiger dès lors ou une indemnité de loyer ou la remise d'un lieu propre à la conservation des archives.
C'est ce qui résulte des lois de la matière. Sous
l'empire du décret du 18 octobre 1790, titre 8, art.
4, contenant réglement sur la procédure devant
la justice de paix, toutes les minutes étaient mises
en liasse par les greffiers, au fur et à mesure
qu'elles étaient commencées, et à la fin de chaque
année toutes celles dont les affaires étaient jugées
ou terminées devaient former un registre que l'on
déposait au greffe du tribunal du district. Il en était
donné au greffier pour sa décharge une reconnaissance sans contrôle. C'est ainsi qu'il se trouvait affranchi de toute garde , de toute responsabilité
quant à la conservation des archives de son greffe.
Une loi du 17 frimaire an 3, disposant pour la ville
de Paris, voulut, art. 2, que les titres, minutes et
registres de la police municipale au contraire fus-

sent réunis à la section judiciaire des archives na-
tionales. Par là on reconnaissait que le greffe du
tribunal de première instance pouvait, en rece-
lant les archives de la justice de paix, jeter quelque confusion dans l'ordre des attributions diverses
des greffiers, et ne pas offrir d'ailleurs assez de
garanties aux intéressés. « On a réclamé depuis
longtemps, disait le directoire exécutif dans un
message au conseil des cinq-cents; outre la loi du
18 octobre 1790, qui ordonne que les minutes des
actes des juges de paix seront déposées tous les ans
aux greffes des tribunaux de district. C'est ce qui
détermina la promulgation de la loi générale du
26 frimaire an 4, et qui est maintenant la seule en
vigueur. L'art. 1er ordonne que toutes les minutes
des actes, procés-verbaux et jugemens des juges de
paix seront retirées des dépôts où elles ont été
placées et remises à leurs greffiers. Il est dit, art. 4:
« Les minutes des juges de paix en matière civile
seront déposées tous les ans dans un local de l'administration municipale, et les expéditions en seront
délivrées par les greffiers de ces juges. »

345. Ainsi la municipalité doit fournir le local
des archives s'il n'en existe pas ; si celui qui existe
n'est pas suffisant ou convenable, le greffier peut
s'adresser au maire ou en cas de refus de ce dernier
au préfet, et lui demander que la loi soit exécutée.
Jusque là il faut qu'il ait les moyens de préserver
les minutes de *tout accident*. C'est dans ce but qu'il
peut les transporter chez lui en les mettant sous sa

4**

responsabilité personnelle, et comme il n'est poin
assujetti à fournir aux frais de location et d'entretien des lieux qui doivent servir aux archives, il est
incontestable qu'une indemnité analogue, s'il a fait
quelques dépenses ou éprouvé quelques privations,
ne saurait lui être refusée. La commune est obligée,
elle peut donc être actionnée en justice, si le maire
n'avise pas à la satisfaction légale du greffier. Annales *de la Science des juges de paix*, vol. de
1841, p. 50.

346. Les menues dépenses des tribunaux de police sont l'objet d'un état joint à l'arrêté du 30
fructidor an 10, lequel fixe la somme que chaque
tribunal doit recevoir. — V. ci-après *Formules*.

347. Nous avons parlé plus haut au § du plumitif
tenu par les greffiers, nous n'avons donc pas à
nous en occuper ici; mais en outre de ce plumitif,
les greffiers sont obligés de tenir un répertoire à
colonnes, coté et paraphé préalablement, et sur lequel ils doivent inscrire jour par jour, sans blanc
ni interligne et par ordre de numéros, tous les actes
et jugemens auxquels ils concourent. On n'excepte
que les actes dont il ne reste pas de minute et qui
ne sont pas soumis à la formule de l'enregistrement. L. 22 frim. an 7, art. 49 et 53 ; décret 14
juin 1813, art., 46, et L. 28 avril 1816, art. 37.

348. Nous croyons, malgré l'opinion de M. Carré,
que ce répertoire peut remplacer celui que la loi
du 26 frimaire an 4 imposait aux greffiers l'obligation de tenir, puisqu'il comprend toutes les indica-

tions qui devaient être rapportées sur ce dernier registre.

349. On a prétendu que ce répertoire ne pouvait servir aux greffiers pour inscrire les actes qu'ils rédigeaient comme officiers-priseurs; nous croyons que c'est une erreur; en effet, il est constant qu'en matière de fiscalité, c'est au titre de l'officier plutôt qu'à la nature de l'acte qu'il faut s'attacher pour déterminer les règles qui doivent être observées, et nous ne voyons pas dans quel but on obligerait un greffier à tenir un second répertoire, puisqu'il ne pourrait servir qu'à rendre plus longues et plus obscures les recherches et vérifications pour lesquelles la tenue des répertoires a été prescrite.

350. Au surplus, ce répertoire doit toujours être mis à la disposition des juges de paix quand ils le requièrent, car ces magistrats sont obligés de faire, dans les cinq premiers jours de chaque mois, le récolement des minutes sur les répertoires, et de constater, par un procès-verbal, l'état matériel et de situation des feuilles d'audience et de toutes autres minutes d'actes reçus et passés au greffe, en matière civile, dans le mois précédent. Ce procès-verbal doit être, dans les cinq jours suivans, transmis au procureur du roi, qui peut en outre, quand il le juge nécessaire, procéder à cette vérification par lui-même ou par un de ses substituts. Ord. 5 nov. 1823, art. 3.

351. Chaque article du répertoire doit contenir,

1o son numéro; 2o la date de l'acte; 3o sa nature; 4o les noms et prénoms des parties et leurs domiciles; 5o l'indication des biens; 6o la relation de l'enregistrement. L. 22 frim., an 7, art. 50.

352. Chaque omission de l'inscription au répertoire d'un acte qui devait y être porté rend l'officier ministériel passible d'une amende de cinq francs. L. 22 frim. an 7, art. 49, et 16 juin 1824, art. 10.

353. La loi ne prononce pas d'amende pour les ratures et surcharges dans les répertoires. (Délib. de la régie du 6 mars 1824.) Cependant il y a lieu à amende dans le cas de ratures sur un répertoire, lorsqu'elles ont été faites pour rétablir à sa date un acte qui y avait été omis, à moins qu'il ne soit prouvé que cet intervertissement est le résultat d'une simple erreur involontaire échappée à l'officier ministériel, et dénuée de toute intention de contrevenir à la loi. Cass., 28 mars 1827.

354. Un procès-verbal d'apposition, de levée de scellés ou de vente de meubles dure souvent plusieurs jours; la première vacation doit seule être portée à sa date sur le répertoire; la date successive des autres vacations est rappelée à la suite, dans le même contexte de l'article, ou dans la colonne d'observations. Décision du min. des fin., 18 août 1812.

355. Les greffiers de simple police doivent tenir un registre coté et paraphé par le juge de paix et sur lequel il est ouvert, pour chaque affaire, un

compte particulier aux parties civiles qui ont consigné le montant présumé des frais de la procédure; ils doivent y porter exactement les sommes reçues et payées, et remettre, sur simple récépissé, à la partie civile, les sommes restées en leurs mains. (Ordonnance du 28 juin 1832.) A l'expiration de chaque année, ils doivent remettre au procureur du roi un compte sommaire de ces dépôts. *Idem.*

356. L'art. 2 de l'ordonnance du 17 juillet 1823, prescrit aux greffiers des juges de paix de tenir un registre sur lequel ils doivent inscrire, par ordre de date et sans aucun blanc, toutes les sommes qu'ils reçoivent pour les actes de leur ministère. Les déboursés et les émolumens sont inscrits dans des colonnes séparées. Ce registre, exempt du timbre, comme n'ayant pour objet qu'une mesure d'ordre et de discipline (Décision minist. fin., 20 nov. 1826; inst. de l'adm., 1205, § 16 ; circ. min., 20 janvier 1827), est aux frais du greffier, qui ne peut jamais en faire l'objet d'une réclamation contre les parties. (Sudrand-Desisles, page 50, no 150.) Il doit être coté et paraphé par le juge de paix, et tenu sous la surveillance de ce magistrat, qui, à chaque trimestre, et plus souvent, s'il le juge convenable, le vérifie, l'arrête et en dresse un procès-verbal, dans lequel il consigne ses observations. Ce procès-verbal est envoyé au procureur du roi, qui en rend compte au procureur-général, qui peut, en cas d'infraction aux règle

ci-dessus, en référer au garde des sceaux, pour être pris à l'égard des contrevenans telle mesure qu'il appartiendrait.

CHAPITRE IV.

Nous divisons ce chapitre en trois paragraphes. Dans le premier nous exposons quelques règles générales relatives à la taxe ; le deuxième traite des honoraires dus aux greffiers ; et enfin le troisième est employé à l'examen des moyens mis par la loi à la disposition des greffiers pour arriver au recouvrement de leurs frais et honoraires.

§ 1er. *Règles et dispositions générales.*

Les mots *honoraires, émolumens, salaires,* qui, d'après le dictionnaire de l'académie, expriment des catégories d'idées assez dissemblables, sont indifféremment employés dans la langue des affaires pour indiquer le gain ou bénéfice qu'un acte quelconque procure à un officier public. Voir notamment décret du 14 déc. 1810, et la loi du 25 ventôse an 11.

357. En général un officier public ne peut percevoir un émolument que pour une opération ou un acte réellement fait lorsqu'il y est spécialement et formellement autorisé par la loi ; ces principes ont toujours été dominans en matière de taxe, et

c'est d'après eux qu'a été libellée l'ord. du 17 juillet 1825. (1)

---

(1) L'ordonnance du 17 juillet 1825 est d'une si grande importance pour MM. les greffiers que nous croyons devoir en donner littéralement le texte :

« Vu l'art. 1042 du code de procédure civile, les art. 9 et suivans jusqu'à 20 du décret du 16 février 1807, l'art. 23 de la loi du 11 mars 1799 (21 vent. an 7), les art. 3 et 4 de la loi du 9 juin 1799 (21 prair. an 7), et l'art. 64 du décret du 18 juin 1811 ; — Considérant qu'il importe au bien de la justice que tous les officiers ministériels soient soumis, pour le réglement des droits et vacations que la loi leur accorde, à des mesures d'ordre et de discipline qui puissent prévenir les perceptions illicites ou en assurer la repression ; — Que ces mesures ont été déjà établies pour les notaires, les avoués, les huissiers et les greffiers de tribunaux civils et des tribunaux de commerce, par les lois des 22 frim. et 21 vent. an 7 et 25 vent. an 11, par les décrets des 16 février 1807, 18 juin 1811 et 14 juin 1813, et enfin par le code de procédure civile ; — Que les greffiers des justices de paix sont les seuls pour qui ces mesures n'aient pas encore été établies ; — Sur le rapport de notre garde des sceaux ministre secrétaire d'état au département de la justice ; — Notre conseil d'état entendu ; — Nous avons ordonné et ordonnons ce qui suit :

Art. 1er. Aucuns frais ni émolumens ne pourront être perçus par les greffiers de justice de paix que sur

« Les greffiers ne peuvent recevoir, sous quelque prétexte que ce soit, d'autres ou plus forts

---

des états dressés par eux, qui seront vérifiés et visés par le juge de paix. — Ces états seront écrits au bas de l'expédition délivrée par le greffier. A défaut d'expédition, il sera fait un état séparé.

» Art. 2. Les greffiers de justice de paix tiendront un registre sur lequel ils inscriront, par ordre de date et sans aucun blanc, toutes les sommes qu'ils recevront pour les actes de leur ministère. — Les déboursés et les émolumens seront inscrits dans des colonnes séparées.

» Art. 3. Le registre mentionné en l'article précédent sera coté et paraphé par le juge de paix. — Il sera tenu sous la surveillance de ce magistrat, qui, à chaque trimestre et plus souvent s'il le juge convenable, le vérifiera, l'arrêtera, et en dressera un procès-verbal dans lequel il consignera ses observations. — Ce procès-verbal sera envoyé à notre procureur près le tribunal de première instance, qui en rendra compte au procureur général près la cour royale.

» Art. 4. Pourront nos procureurs, quand ils l'auront reconnu nécessaire, procéder par eux-mêmes ou leurs substituts, à la vérification prescrite par l'art. 3.

» Art. 5. En cas d'infraction aux règles prescrites par la présente ordonnance, il en sera fait rapport à notre garde des sceaux pour être pris à l'égard des contrevenans telle mesure qu'il appartiendra.

» Art. 6. Si les greffiers ou leurs commis reçoivent, sous quelque prétexte que ce soit, d'autres ou plus forts droits que ceux qui leur sont attribués droits que ceux qui leur sont attribués par les lois et réglemens. Les contrevenans seraient, selon la gravité des circonstances, destitués de leur emploi, traduits devant la police correctionnelle pour être condamnés aux amendes par les lois ou poursuivis extraordinairement en vertu de l'art. 174 du code pénal, sans préjudice, dans tous les cas, de la restitution des sommes indûment perçues. Ord. du 17 juillet 1825, art. 6 ; Orléans, 7 avril 1838. ANNALES *de la Science des juges de paix*, vol. de 1842, p. 207.

358. « Aucuns frais ni émolumens ne peuvent être perçus par les greffiers des justices de paix que sur des états dressés par eux, et qui sont vérifiés et visés par le juge de paix. Ces états sont écrits au bas des expéditions, lorsqu'il en est délivré. A défaut

---

par les lois et réglemens, il est enjoint aux juges de paix d'en informer nos procureurs. Il en sera pareillement fait rapport à notre garde des sceaux. — Les contrevenans seront, selon la gravité des circonstances, destitués de leurs emplois, traduits devant la police correctionnelle pour être condamnés aux amendes déterminées par les lois, ou poursuivis extraordinairement en vertu de l'art. 174 du code pénal, sans préjudice, dans tous les cas, de la restitution des sommes indûment perçues et des dommages et intérêts quand il y aura lie

» Art. 7. Notre garde-des-sceaux, ministre secrétaire d'état au département de la justiéeest chargé de l'exécution de la présente ordonnance. »

d'expédition, le greffier fournit un état séparé de ces frais dont la rédaction ne lui procure aucun émolument. Ord. de 17 juillet 1825, art. 1er.

359. Si un greffier délivrait une expédition, sans faire mettre au bas l'état de ses frais taxés par le juge de paix, les parties pourraient se refuser au paiement de ces frais, s'adresser au procureur du roi pour faire exercer contre lui des poursuites disciplinaires et lui réclamer des dommages et intérêts, si cette omission avait été pour eux la cause d'un préjudice. ANNALES, vol. de 1842, p. 243.

360. Les frais frustratoires en tout ou en partie, c'est à dire ceux relatifs à un acte qui n'est ni prescrit ni autorisé ni utile, doivent être réduits ou même rejetés de la taxe, et mis à la charge du greffier qui les aurait faits sans préjudice, s'il y a lieu, et suivant les circonstances des peines disciplinaires qu'il aurait pu encourir. Cod. de procéd., art. 71 et 1031.

361. Mais le tarif ne comprend que l'émolument net des greffiers et les déboursés de timbre, d'enregistrement et autres de toute nature, qui auraient été faits dans l'intérêt des parties, et doivent en outre lui être remboursés. Tarif de 1807, article 151, § 3.

362. Il faut dire aussi que le tarif ne s'occupe que des actes du ministère des greffiers, et qu'il ne devrait pas être invoqué s'il s'agissait de régler des honoraires dus aux greffiers pour des démarches, des opérations qu'ils auraient faites en dehors de

leurs fonctions ; car comme dans ces cas ils agissent comme de simples mandataires, c'est aux règles ordinaires du mandat qu'il faudrait avoir recours. Pothier, *du Mandat*, etc.

§ 2. *Des honoraires dus aux greffiers.*

Pour arriver à indiquer avec plus de clarté la rétribution attachée aux divers actes qui peuvent être faits par des greffiers, nous allons procéder par ordre alphabétique.

363. AVERTISSEMENT. L'art. 17 de la loi du 25 mai 1838 veut que dans toutes les causes, excepté celles où il y aurait péril en la demeure et celles dans lesquelles le défendeur serait domicilié hors du canton ou des cantons de la même ville, le juge de paix puisse interdire aux huissiers de sa résidence de donner aucune citation en justice, sans qu'au préalable il n'ait appelé sans frais les parties devant lui.

364. Cette mesure, réclamée par tous les commentateurs, et depuis longtemps déjà établie dans les tribunaux de paix de Paris, est aujourd'hui généralement pratiquée ; mais de longues discussions se sont élevées sur le point de savoir qui devait faire et expédier l'avertissement, le billet d'invitation de comparaître, du juge de paix ou du greffier.

365. Dans nos *Annales des juges de paix*, vol.

de 1841, p. 258 et suiv., nous avons soutenu que, eu égard à l'authenticité, au caractére d'autorité publique que doit porter cet avertissement, et vu surtout ies termes formels de la loi , il devrait émaner du juge de paix lui-même ; que toutefois comme pour donner caractére à l'acte il suffit de la signature du juge, il devrait pour satisfaire à l'usage des formes ordinaires et à la bienséance être préparé par le greffier ; il a été dans le vœu du législateur que les juges de paix eussent recours à ce moyen dans tous les cas possibles : il y aura donc une partie notable du temps du greffier employée à cette occupation ; il faudra, en outre, que l'on assure le sort du billet : or le demandeur n'inspire pas toujours assez de confiance pour qu'on le lui confie ; d'un autre côté si cette confiance n'est pas bien établie, il faut faire usage d'un porteur et le payer ; si l'on met le billet à la poste, il faut l'affranchir, autrement le juge de paix n'aura jamais la certitude que son invitation aura été reçue, et cette certitude est ici de toute nécessité, et si l'on ajoute à ces considérations que dans plusieurs cantons l'invitation doit être, selon les cas, portée à des distances éloignées, on se convaincra qu'outre le temps employé par le greffier il y a des frais matériels indispensables, et en conséquence nous avons soutenu que les mots *sans frais*, insérés dans l'art. 17 de la loi de 1838, ne peuvent se rapporter qu'à la dépense du papier timbré, qui, dans un premier projet présenté à la chambre des députés et dans un second amendé par la commission de cette chambre, avait été exigée, et que le troisième projet par ces mots *sans frais* n'a entendu exprimer qu'une chose; c'est que cet avertissement se ferait sur papier libre, et que d'ailleurs il est juste que celui qui donne lieu à l'avertissement paie et le temps et le papier, imprimé ou non, qui y est employé, et le port; qu'en outre pour que cette rétribution ne soit pas arbitraire, pour que surtout la crainte de l'exiger et l'incertitude sur ce droit ne rendent pas les avertissemens plus rares, il est juste, logique, équitable d'allouer un émolument au greffier pour cet avertissement.

Ces raisons nous semblent bien difficiles à réfuter, et comme il est à désirer que la comparution, au moyen de l'invitation, s'étende de plus en plus et que tous les différends viennent s'y éteindre, nous dirons aussi qu'il serait juste d'accorder au greffier, non seulement le port et les frais de la matière, mais encore un faible honoraire, car il est raisonnable que le temps du greffier soit honorablement rétribué; mais que néanmoins dans l'état actuel des choses et en présence des circulaires des procureurs généraux qui prohibent, comme illégale, la perception d'un droit pour cet avertissement, les greffiers doivent s'abstenir de recevoir aucun émolument des parties, et que les frais de papier et d'impression de ces billets doivent être pris par le juge de paix sur les fonds qui lui sont alloués par les commnnes chefs-lieux de canton comme nous l'avons expliqué au § 6 du chapitre précédent. ANNALES, vol. de 1841, p. 259, et vol. de 1842, p. 167.

366. COMMISSION ROGATOIRE. Lorsqu'un juge de paix est commis par un autre tribunal pour recevoir les dépositions de témoins qui auraient leur résidence dans son canton il n'est rien alloué aux greffiers pour la rédaction du procés-verbal de cette opération ; ses déboursés seuls peuvent être réclamés par lui contre la partie à la requête de laquelle il a été procédé, à moins toutefois que l'opération dont il s'agit ne rentre dans la catégorie des actes pour la rédaction desquels le tarif lui alloue des émolumens.

367. CONCILIATION. Dans les affaires soumises aux préliminaires de conciliation, il peut se présenter trois cas : ou le défendeur ne comparaît pas, ou il comparaît, et les parties déclarent ou ne pouvoir ou ne vouloir se concilier, ou enfin les parties se conciliant le juge de paix dresse un procés-verbal de leur arrangement.

368. Dans le premier cas il n'est rien alloué au greffier pour la mention de défaut sur le registre du greffe et sur l'original ou la copie de la citation en conciliation. Décret, 16 février 1807, art. 13.

369. Dans le second cas il est alloué au greffier pour le procés-verbal de non conciliation, à Paris, 1 franc, et dans les villes et cantons ruraux, 80 centimes.

On a prétendu que lorsque ce procés-verbal

contient plus de deux rôles le greffier était autorisé à percevoir pour l'expédition un droit plus fort que celui dont nous venons de parler. En effet, dit-on, indépendamment de ce que l'exploit de demande en conciliation peut être longuement motivé, et qu'il peut n'être pas possible au greffier d'en prendre la substance sans nuire au demandeur, la réponse du défendeur peut être telle qu'il y ait nécessité de la transcrire littéralement quelle que soit son étendue. D'un autre côté, parmi les dires des parties, il en est qui doivent rester même au procès-verbal de non conciliation pour fixer l'état du litige et pour conserver entiers les droits des parties, par exemple, les demandes additionnelles du demandeur ou reconventionnelles du défendeur, les contestations qu'elles auraient pu élever sur la régularité de la procuration, sur la compétence du juge, etc. Dans ce cas il y aurait injustice à vouloir que le greffier rédacteur ne prît qu'un droit invariable basé sur le prix de deux rôles, somme égale au droit énoncé dans l'art. 10, car si cet article taxe un droit fixe pour l'expédition du procès-verbal de non conciliation, il n'a disposé que pour les cas ordinaires, lorsqu'il n'existe qu'une simple mention. A l'appui de cette opinion on cite celle des auteurs qui soutiennent que le juge de paix doit insérer au procès-verbal les dires et aveux des parties, et ce en conformité de l'art. 3, titre 10, de la loi du 24 août 1790, non abrogé par la disposition de l'art. 57 du code pénal. Favard de Langlade, *Répert.*, Vo *Conciliation*, § 5, no 9; Toullier, t. 9, no 120; Boncenne, t. 2, p. 40; Carré, *Lois de la procédure*, no 228; Rodiére, *Exposition raisonnée*, t. 1, p. 254.

370. Ces considérations ne manquent certainement ni de force ni de raison; mais en présence du texte si positif de l'art. 10 du décret de 1807 elles ne prouvent, selon nous, qu'une chose, c'est qu'il est urgent de réformer une loi qui n'est plus en harmonie avec les principes de la logique et de l'équité.

371. Enfin, dans le troisiéme cas, si les parties se sont conciliées, si elles demandent une expédition du procés-verbal qui constate leurs arrangemens, elles doivent acquitter non plus le droit fixe de 1 franc ou 80 centimes dont nous venons de parler, mais celui fixé pour les expéditions de tous les actes, ainsi que nous l'expliquerons tout à l'heure; car alors on n'a plus pour se refuser à l'application des motifs invoqués dans le paragraphe précédent la disposition prohibitive du décret de 1807. Victor Fons, *Commentaire du tarif*, première partie, p. 27.

372. CONSEILS DE FAMILLE. L'art. 16 du décret de 1807, § 1er, accorde aux greffiers pour assistance aux conseils de famille les deux tiers de l'allocation accordée aux juges de paix, c'est à dire à Paris, 3 fr. 33 c.; dans les villes où il y a tribunal de première instance, 2 fr. 50, et dans les autres villes et cantons ruraux, 1 fr. 66 c., sans qu'ils

puissent dans aucun cas réclamer plus de deux vacations par chaque conseil. Décret, 1807, art. 4.

373. Néanmoins lorsque, par suite d'incidens étrangers au juge de paix et au greffier, il a été sursis plusieurs fois à une délibération commencée, il nous semble que des honoraires ne peuvent être refusés au greffier et au juge de paix, et c'est le cas de décider avec la cour de cassation que lorsqu'un acte ou opération ont pris un temps, un travail excédant celui que le juge de paix et le greffier devaient y employer en se conformant aux devoirs de leur état, il leur est dû une somme d'honoraires proportionnée à ce surcroît de travail s'ils ont agi en vertu d'une requisition formelle des parties. Cass., 7 mai 1823.

Mais le greffier ne pourrait exiger une vacation de plus que le juge de paix, sous prétexte qu'il aurait passé plus de temps que ce dernier, qu'il se serait employé à indiquer d'avance les formalités à remplir, le nombre de patentes nécessaires; car, d'après l'art. 16 du tarif, « il doit être alloué au « greffier *les deux tiers de vacation du juge de* « *paix* pour assistance aux conseils de famille. » Il nous semble résulter de ce texte que le greffier n'a droit à cette vacation que pour le temps pendant lequel *il assiste au conseil de famille*, pour lequel la présence du juge de paix est indispensable, et qu'on ne doit considérer comme *assistance au conseil de famille*, pouvant donner lieu à des vacations, que celle qui a lieu lorsque le conseil est formé, lorsque l'on a pris séance et que le greffier ne pourrait, au moins en vertu du tarif, réclamer des vacations pour tout ce qu'il ferait en dehors de la séance et avant qu'elle fût ouverte ; mais, d'un autre côté, comme le greffier n'est pas tenu d'employer son temps à indiquer d'avance aux parties les formalités qu'elles ont à remplir , il est sans doute dans l'esprit et dans l'institution des justices de paix de procurer aux parties, à moins de frais possibles, tous les renseignemens qui leur sont nécessaires sur ce point ; cependant on ne peut exiger d'un greffier qu'il prépare le travail avec les parties, qu'il les dirige, qu'il les éclaire, qu'il accomplisse l'office d'un conseil, qu'il dépense un temps appréciable, et tout cela gratuitement; nous pensons qu'il pourra se faire honorer en sus de ses vacations, s'il a donné des soins extraordinaires aux préliminaires d'un conseil de famille.

374. Enquête. Il n'est rien alloué au greffier pour les vacations employées dans la rédaction d'un procès-verbal d'enquête, soit qu'elle soit ordonnée par le tribunal de paix, soit qu'il y procède par suite d'une commission rogatoire d'un tribunal de première instance ou d'une cour royale.

375. Etats de situation. Il est alloué aux greffiers pour les états de condamnation adressés par eux tous les six mois au préfet de leur département 10 c. par chaque condamnation ; il ne leur est rien alloué pour les autres états qu'ils remettent en matière criminelle au receveur de l'enregistre-

ment, et de plus les frais de celui de ces états qui est fait sur papier timbré reste à leur charge. V. ci-aprés ce que nous disons pour les extraits.

376. EXPÉDITION. En matiére civile l'art. 8 du décret de 1807 accorde aux greffiers des justices de paix pour chaque rôle d'expédition contenant vingt lignes à la page et dix syllabes à la ligne, à Paris, 50 centimes, et partout ailleurs 40 centimes. On sait qu'on appelle rôle un feuillet rempli d'écriture sur le recto et le verso.

377. Il est évident que ce droit d'expédition n'appartient aux greffiers que quand cette expédition a été réellement délivrée ; car on ne saurait dans aucun cas obliger une partie à lever une expédition d'un acte qui lui profite; mais dés qu'une fois l'expédition a été commandée les émolumens en sont dus au greffier.

378. Si les rôles contiennent un moindre nombre de syllabes que celui fixé par la loi, l'augmentation de frais qui en résulte doit être mise à la charge du rédacteur de l'expédition. Par exemple une expédition est portée en compte pour huit rôles; mais au lieu de quatre cents syllabes que chaque rôle doit contenir il n'en a réellement que trois cents : dans ce cas le greffier n'obtient que l'émolument fixé pour six rôles et le paiement de trois feuilles de papier.

379. Toutefois c'est d'aprés la totalité de l'expédition que l'on doit juger s'il y a contravention à raison du nombre de lignes mises à la page et du

nombre de syllabes mises à la ligne. C'est ce qu'enseignent MM. Bioche et Goujet, V° *Rôle*, no 2; c'est ce que décide la loi du 21 ventôse an 8, art. 6; et de plus il suffit qu'un rôle soit commencé pour qu'il doive être payé entier. Instr. génér. du 3 septembre 1808.

380. En matière criminelle il est alloué aux greffiers par l'art. 48 du décret du 18 juin 1811 40 centimes par rôle de vingt-huit lignes à la page et de quatorze à seize syllabes à la ligne, dans toutes les expéditions qu'ils délivrent des jugemens de simple police et des procès-verbaux d'instruction dont ils peuvent avoir été précédés. C. inst. crim., art. 155, 157, 158, 159, 161.

Ce que nous venons de dire des expéditions en matière civile s'applique également à celles qui sont faites en matière criminelle.

381. **EXPERTISE.** En matière d'expertise il faut distinguer si l'expertise est ordonnée dans une cause pendante devant le juge de paix ou bien si elle a été ordonnée par le tribunal civil : dans le premier cas il y a lieu d'appliquer la disposition de l'art. 15 du décret de 1807 qui accorde aux greffirs les deux tiers des vacations allouées à un expert, c'est à dire 1 franc 33 centimes par vacation.

Dans le second cas c'est aux art. 159 et 160 de ce décret qu'il faut recourir. Victor Fons, *Tarifs*, prem. part.

382. **EXPROPRIATION.** Le juge de paix peut être délégué pour présider ou diriger le jury spé-

cial chargé par la loi du 21 mai 1836 de fixer les indemnités dues aux propriétaires, à raison d'une expropriation nécessitée par l'ouverture ou le redressement d'un chemin vicinal. Or. quand il exerce cette attribution, les fonctions, dévolues en pareil cas aux greffiers du tribunal civil par la loi du 3 mai 1841, sont remplies par le greffier de la justice de paix, et par conséquent ce greffier a droit aux émolumens fixés par le chap. 2 de l'ordonnance du 18 septembre 1833, art. 9 et suiv., dont voici le texte :

« Tous extraits ou expéditions délivrés par les greffiers en matière d'expropriation publique seront portés sur papier d'une dimension égale à celle des feuilles assujetties au timbre de 1 fr. 25 c.; ils contiendront vingt-huit lignes à la page et quatorze à seize syllabes à la ligne. Ordon., 18 sept. 1833, art. 9.

» Il sera alloué aux greffiers 40 c. pour chaque rôle d'expédition ou d'extrait. *Ibid*, art. 10.

» Il sera alloué aux greffiers, pour la rédaction du procés-verbal des opérations du jury spécial, 5 fr. pour chaque affaire terminée par décision du jury rendue exécutoire.

» Néanmoins, cette allocation ne pourra jamais excéder 15 fr. par jour, quel que soit le nombre des affaires, et, dans ce cas, ladite somme de 15 fr. sera répartie également entre chacune des affaires terminées le même jour. Art. 11.

» L'état des dépenses sera rédigé par le greffier.

» Celle des parties qui requerra la taxe devra, dans les trois jours qui suivront la décision du jury, remettre au greffier toutes les pièces justificatives.

» Le greffier paraphera chaque pièce admise en taxe avant de la remettre à la partie. *Ibid*, art. 12.

» Il sera alloué au greffier 10 c. pour chaque article de l'état des dépens, y compris le paraphe de pièces. Art. 13.

» L'ordonnance d'exécution du magistrat directeur du jury indiquera la somme des dépens taxés et la proportion dans laquelle chaque partie devra les supporter. *Ibid*, art. 14.

» Au moyen des droits ci-dessus accordés aux greffiers, il ne leur sera alloué aucune autre retribution à aucun titre, sauf les droits de transport dont il sera parlé ci-après, et ils demeureront chargés :

» 1o du traitement des commis greffiers, s'il était besoin d'en établir pour le service des assises spéciales ;

» 2o de toutes les fournitures de bureau nécessaires pour la tenue de ces assises ;

» 3o de la fourniture du papier des expéditions ou extraits, qu'ils devront aussi faire viser pour timbre. *Ibid*, art. 15. »

383. EXTRAITS. Les droits à percevoir pour les extraits se fixent d'après les mêmes règles que

ceux dus pour les expéditions. Nous devons dire cependant qu'il semble résulter des dispositions du paragraphe final de l'art. 16 du décret de 1807, qu'à l'exception de ce qui concerne les procés-verbaux des apposition, reconnaissance et levée des scellés, le greffier ne peut être contraint de délivrer des extraits d'un acte qui n'a pas encore été expédié. Cependant un droit fixe de 25 c. est alloué au greffier, à raison des extraits délivrés aux préposés de la régie pour le recouvrement des condamnations pécuniaires prononcées dans les jugemens de simple police, toutes les fois que le jugement a acquis l'autorité de la chose jugée, quel que soit le nombre de rôles de chaque extrait. Décret, 18 juin 1811, art. 50, et 7 avril 1813, art. 7 ; décis. minist. des fin., 26 août 1820. V. ci-après ce qui est relatif aux scellés.

384. NOTORIÉTÉ. Il est alloué aux greffiers par l'art. 16 du décret de 1807 les deux tiers de l'allocation accordée aux juges de paix pour les actes de notoriété, savoir : pour les actes de notoriété dressés en exécution des art. 70 et 71 du code civil, dans les villes de première classe, 3 f. 34 c.; dans les villes où il y a un tribunal de première instance, 2 fr. 50 c., et dans les autres villes et cantons ruraux, 1 fr. 67 c.

385. Et pour tous les autres actes de notoriété, dans les villes de première classe, 67 c.; de deuxième, 50 c., et de troisième, 34 c.

386. Malgré les termes quelque peu ambigus de

l'art. 16 du décret de 1807, nous pensons que ces droits doivent être invariables, quel que soit le temps employé à la rédaction des actes de notoriété.

387. On a prétendu cependant que lorsqu'il s'agit d'un acte de notoriété dressé en exécution des art. 70 et 71 du code civ. le greffier pouvait, si l'opération se prolongeait, réclamer deux vacations, par assimilation entre cet acte et les délibérations du conseil de famille; c'est une erreur.

L'art. 5 du tarif des frais et dépens porte : « Pour l'acte de notoriété sur la déclaration de sept témoins pour constater autant que possible l'époque de la naissance d'un individu de l'un ou l'autre sexe qui se propose de contracter mariage, et les causes qui empêchent de représenter son acte de naissance, Paris, 5 fr., etc. »

388. Cet article est bien positif; il parle d'un *acte*, de la *rédaction d'un acte* et non de *vacation*. Or il faut remarquer que le chap. 1er du tarif, dans lequel se trouvent comprises les dispositions relatives aux avis de parens en conseil de famille et les dispositions relatives aux actes de notoriété, distingue dans son titre les actes et les vacations des juges de paix.

389. Dans les articles du même chapitre la même distinction existe ; ainsi notamment l'art. 4 porte : « Pour l'assistance du juge de paix à tout conseil de famille, Paris, 5 fr.; villes où il y a tribunal de première instance, 3 fr. 75 c.; autres villes

et cantons ruraux, 2 fr. 50 c. Le juge de paix ne pourra jamais prendre plus de deux vacations.

390. Comme on le voit, quand ils dressent un acte de notoriété, les juges de paix et greffiers sont payés pour *l'acte* ; quand ils assistent à un consei de famille, ils sont payés pour *l'assistance* : on ne peut donc pas conclure d'un exemple à l'autre. La loi a établi une distinction formelle ; le droit accordé pour la rédaction d'un acte de notoriété doit donc être invariable, et ne dépend pas du temps que l'on y consacre. ANNALES, *vol.* de 1842, p. 81.

391. RÉCUSATION. Le greffier a droit pour la transmission au procureur du roi de l'acte de récusation du juge de paix et de la réponse de ce dernier, tous frais de port compris, à une allocation de 5 fr., et quel que soit la longueur de l'acte.

392. Indépendamment de cette allocation, le greffier a droit, pour l'expédition qu'il doit faire, conformément à l'art. 47 du code de procédure, à l'émolument fixé par l'art. 9 du tarif. Chauveau, t. 1er, p. 39, et Dalloz, *Dict. gén.*, Vo *Greffe (droits de)*, no 172; Bioche et Goujet, *mêmes mots,* no 164.

393. L'art. 47 du code de procédure ne règle pas comment le greffier fera l'envoi de l'expédition de l'acte de récusation et de la réponse du juge; mais, comme l'art. 14 du tarif lui alloue pour cet objet une vacation de 5 fr., tous frais de port compris, c'est à lui à prendre la voie la plus sûre et la moins coûteuse.

394. Prisées. La loi du 26 juillet 1790 se réfère pour la fixation des droits qui doivent être perçus lors des prisées de meubles à l'art. 6 de l'édit de février 1771, qui allouait 30 sous par vacation. Cette loi, qui réglait en même temps les droits à percevoir pour les ventes de meubles, a été modifiée pour ce qui concerne ces ventes par la loi du 17 décembre 1793; mais cette dernière loi n'a rien statué quant aux prisées. Néanmoins on est généralement d'accord de considérer cette loi de 1790 comme tacitement abrogée, et de fixer les émolumens dus aux greffiers lors des prisées aux deux tiers de la somme allouée au notaire pour ces vacations, c'est à dire, dans les villes où il y a tribunal de première instance, 4 fr., et partout ailleurs 2 fr. 67 c. On s'appuie pour décider ainsi sur l'art. 6 de la loi du 27 ventôse an 9, combiné avec l'art. 168 du décret de 1807.

395. scellés. Pour assistance aux appositions, reconnaissances et levées de scellés, ainsi qu'aux référés qui peuvent être introduits pendant le cours de ces opérations, le tarif de 1807 alloue aux greffiers la même taxe que pour les conseils de famille.

396. La même rétribution doit être accordée aux greffiers dans toutes les opérations analogues aux appositions de scellés, telles que procès-verbaux de carence, déclarations de l'apposition des scellés sur le registre du greffe du tribunal de première instance dans les villes où cette déclaration est prescrite, etc., etc.

397. Ces émolumens ne comprennent pas les frais de transport ou voyages qui sont réglés ainsi que nous l'expliquerons ci-après; mais ils comprennent les déboursés indispensables pour le matériel de ces opérations, tels que les frais de cire, de toile, de clous, etc. Voyez toutefois ce que nous avons dit chap. 4, § 6, et aussi Déc. min., 14 mars 1826.

398. En règle générale les greffiers ne peuvent délivrer d'expéditions entières des procès-verbaux d'apposition, reconnaissance et levée de scellés qu'autant qu'ils en sont expressément requis par écrit.

899. Malgré les termes formels de cette disposition, M. Bousquet, *des fonctions des juges de paix*, no 94, enseigne que la réquisition par écrit n'est pas nécessaire quand la partie requérante ne sait pas écrire. Nous croyons, quant à nous, que si la partie ne sait pas écrire, le greffier doit exiger que la demande de l'expédition lui soit faite, soit en présence du juge de paix, soit en présence de deux témoins, et consigner ce fait au dos de l'expédition même.

400. L'art. 18 du tarif alloue aux greffiers pour chaque opposition aux scellés formée par déclaration sur son procès-verbal 50 c. à Paris, et partout ailleurs 4⟩ c., et l'art. 19 du même tarif déclare qu'il ne leur est rien dû lorsque ces oppositions sont formées par le ministère d'huissier.

401. Nous ne voyons pas trop pourquoi le décret

de 1807 établit cette différence entre deux opérations identiques, mais le texte des articles que nous avons cités est trop précis pour que les greffiers puissent se soustraire à leur application.

402. L'article 20 du même tarif alloue aux greffiers pour chaque extrait des oppositions aux scellés, sans distinction de la manière dont elles ont été formées, savoir : à Paris 50 c. et partout ailleurs 40 c. pour chaque opposition.

403. TRANSPORT. Toutes les fois qu'il y a lieu à transport, il est alloué aux greffiers les deux tiers des frais de transport accordés aux juges de paix. Cette allocation est fixée ainsi qu'il suit : Pour aller 1 fr. 33 c. par chaque myriamètre et autant pour le retour, et 6 fr. 66 c. par journée de 5 myriamètres.

404. Il ne leur est accordé qu'une seule journée quand la distance n'est pas de plus de deux myriamètres et demi, y compris la vacation devant le président du tribunal. Lorsqu'il s'agit de référé, si la distance est plus de deux myriamètres, il leur est payé deux journées y compris l'aller, le retour et la vacation devant le président.

405. Dans le cas où le transport aurait eu lieu à une distance moins d'un myriamètre, il n'y aurait pas lieu à indemnité. S'il y a des fractions au-delà d'un myriamètre, M. Coin Delisle décide que le greffier doit compter double transport ; M. Victor Fons, au contraire, en s'appuyant des opinions émises par M. Chauveau et Carré, soutient qu'il

est plus convenable d'appliquer ici les régles de proportion adoptées par le tarif criminel du 18 juin 1811, lequel porte, art. 92:

« L'indemnité de voyage sera réglée par myriamétres et demi-myriamétres ; les fractions de huit ou neuf kilométres seront comptées pour un myriamétre et celles de trois à sept kilométres pour un demi-myriamétre. » Victor Fons, *Tarifs annotés*, 1re part., p. 42.

406. En matière criminelle il est alloué aux greffiers, en cas de transport à plus de cinq kilométres, une indemnité de 6 fr. pour frais de voyage, de nourriture et de séjour ; s'ils se transportent à plus de deux myriamétres, cette indemnité est élevée à 8 fr. Décret, 18 juin 1811, art. 88.

407. Ces indemnités pour voyage sont dues aux greffiers lorsque, d'office ou sur la réquisition d'un chef de maison ou sur l'invitation du procureur du roi ou du juge d'instruction, ils se sont transportés à la même distance, soit pour reconnaître un délit flagrant ou non flagrant et en dresser procès-verbal, soit pour faire dans le domicile d'un prévenu ou ailleurs la perquisition d'objets jugés utiles à la manifestation de la vérité, soit pour vérifier avec des personnes de l'art les circonstances du délit, soit enfin pour entendre des témoins qui se trouvent dans l'impossibilité de comparaître sur la citation qui leur a été donnée.

Aucun article du tarif n'accorde au greffier ni indemnité, ni droit de transport pour l'enregistrement des actes de greffe ou jugement. Cependant plusieurs cantons de France sont très éloignés du bureau de l'enregistrement ; il y en a qui sont à 2 kilomètres et plus.

Le tarif de 1807, art. 1, 3, 6, 8 et 16, reconnaît cependant que toutes les fois que le juge de paix ou le greffier se déplacent, il leur est dû, soit une vacation pour le temps qu'ils passent en route, soit une indemnité ; mais ces articles spécifient les cas qu'ils prévoient, et il n'y est nullement mention du placement pour l'enregistrement. Or, les articles réglés par le tarif et autorisés par la loi peuvent seuls être portés en taxe ; n'en résulte-t-il pas que le greffier ne peut exiger d'indemnité que lorsqu'il se déplace pour faire enregistrer un acte ?

Cependant les greffiers ont droit d'exiger des parties le paiement de leurs déboursés ; ainsi le papier timbré qu'ils consacrent à la feuille d'audience et aux minutes des jugemens doit leur être remboursé. N'en peut-on pas dire autant des frais matériels qu'ils seraient obligés de faire pour aller à cinq lieux de distance porter un acte à l'enregistrement ? Supposons que le greffier envoie une minute à l'enregistrement par la poste au lieu de la porter lui-même ; le paquet ne sera reçu que s'il est affranchi ; le retour coûtera un nouveau port ; il y aura là déboursé effectif et déterminé ; dans ce cas, qui pourra blâmer le greffier de porter sur son état de frais les ports de lettres qu'il a payés ? Mais si le receveur de l'enregistrement ne consent pas à recevoir des actes par la poste et à les expédier par la même voie, si surtout l'on pense que le greffier ne peut se dessaisir des minutes et les livrer à la circulation, le voyage que dans ce cas il sera obligé de faire ne pourra-t-il pas s'apprécier, s'évaluer d'une manière aussi précise que le port d'une lettre ou d'un paquet, et si dans la première hypotése on lui restitue ce qu'il a déboursé, pourquoi ne le lui restituerait-on pas dans la seconde ?

Nous n'osons affirmer qu'un droit puisse être réclamé pour le déplacement du greffier, afin de faire enregistrer un acte ; mais nous pensons qu'en bonne justice il devrait lui être alloné, et qu'on ne pourrait trouver mauvais qu'il portât sur ses états de frais la somme qu'il aura réellement déboursée pour aller du lieu de résidence au bureau de l'enregistrement lorsque ce bureau sera très éloigné.

408. Vacation. On nomme vacation l'espace de temps qui est donné à une opération toutes les fois que cette opération exige un travail de plus de trois heures ; on compte autant de vacations qu'on y a employé de trois heures de travail, et toute vacation commencée doit être comptée comme entière.

40¹. Lorsque les émolumens des greffiers sont taxés par vacations, ils doivent être réglés ainsi que nous l'avons expliqué ci-dessus pour les conseils de famille, les appositions de scellés, etc., à l'exception des prisées et ventes de meubles, pour lesquelles il leur est alloué les émolumens que nous indiquons sous les nos 394 et suiv.

410. L'article premier du tarif porte qu'en cas de voyage, le temps du transport et du retour doivent être comptés dans la première vacation; on a épilogué sur les termes de cet article ; nous pensons, nous, qu'il ne décide rien autre chose que dans le cas où il y a transport pour quelque cause que ce soit, en vertu d'une réquisition des parties, les vacations doivent compter à partir du moment du départ jusqu'à celui où le greffier peut être de retour à son greffe.

411. Dans le cas où il y a lieu à transport à la distance d'un myriamètre ou au-delà, le tarif autorise à compter par vacation ou bien à raison de la distance; nous pensons donc que le greffier est autorisé, dans ce cas, à adopter la manière de compter qui lui est le plus favorable.

412. VENTE DE MEUBLES. Lorsqu'il s'agit de vente volontaire les honoraires qui doivent être perçus par le greffier sont habituellement fixés de gré à gré entre lui et le vendeur (1); lorsqu'il n'y a pas de conventions, il faut appliquer les dispositions de la loi en matière de vente forcée.

413. D'après ces dispositions il doit être alloué

---

(1) Et dans ce cas les parties ne sont pas recevables à demander la taxe, surtout si la convention a reçu son exécution. C'est ce qui a été jugé le 24 juin 1833 par la cour de cassation.

à l'officier qui a procédé à la vente 1 franc pour la rédaction de l'original du placard affiché et 50 centimes pour chacun des placards s'ils sont manuscrits.

414. Les droits à percevoir pour référés, voyages et expédition de procés-verbaux sont ceux que nous avons indiqués ci-dessus pour les actes analogues. Décis. min., 8 février 1830.

415. S'il y a eu publications et expositions consécutives, ainsi qu'il est prescrit pour la vente des barques, bateaux et autres bâtimens de rivière, et pour celle de la vaisselle d'argent, des bagues et joyaux, il doit lui être alloué, pour chac ne des deux premières publications ou expositions, dans les villes où ll y a tribunal de première instance, 4 francs; dans les autres villes ou cantons ruraux, 3 francs; la troisième exposition ou publication est comprise dans la vacation de la vente. Décr. 1807, art. 38 et 41.

416. Plusieurs fois, depuis 1816, des lois ont été proposées aux chambres pour fixer les honoraires des officiers priseurs en matière de ventes mobilières, mais restées à l'état de projet, elles n'ont pu acquérir jusqu'à présent l'autorité législative, et il semblerait qu'il faut encore s'en référer pour déterminer ces droits à la loi du 17 septembre 1793, à laquelle renvoyait celle du 28 avril 1816, en attendant, y était-il dit, qu'il ait été statué sur ce point par une loi générale; or, cette loi autorise les officiers vendeurs à percevoir 1 franc seulement

par vacation de vente; néanmoins, tombée complétement en désuétude, cette loi de 1793 n'est plus aujourd'hui observée, et c'est dans les projets dont nous venons de parler qu'il faut chercher les usages substitués à cette loi par l'équité.

417. Nous pensons donc que les greffiers peuvent réclamer les honoraires qui devaient leur être accordés d'après les projets de loi présentés à la chambre des députés les 24 février 1817 et 5 février 1840, lesquels contenaient ces dispositions. « Il sera alloué aux commissaires priseurs des villes de Rouen, Nantes, Bordeaux, Marseille et Lyon les droits alloués à ceux de Paris par la loi du 27 ventôse an 9; ces droits, pour les autres commissaires priseurs, seront réduits d'un quart.

» Il sera alloué aux commissaires priseurs, sans distinction de résidence, 1º pour droits de prisée par chaque vacation de trois heures, 6 francs; 2º pour assistance aux référés, 3 francs; 3º pour tous droits de vente, non compris les déboursés, 0 pour 100, quel que soit le produit de la vente; les greffiers et huissiers jouiront des mêmes droits et émolumens. »

418. Dans ces honoraires ne doivent pas être compris le salaire du crieur et des gens de peine pour l'exposition en vente des gros meubles, non plus que les frais et dépenses payés pour la garde, le loyer, le transport des objets à vendre, l'insertion des annonces dans les journaux, etc.; tous ces frais doivent être prélevés sur le produit de la vente,

sous la condition néanmoins qu'ils auraient été faits sans fraude ni exagération et dans une juste proportion avec l'importance de cette vente. Décret, 16 février 1807, art. 38, 39 et 41.

419. Il doit en outre être alloué au greffier pour la rédaction de son compte de vente, pour les référés qui sont introduits sur son procès-verbal, 6 francs par vacation dans les villes où il y a tribunal de première instance, et partout ailleurs 4 francs. *Tarif* 1807, art. 168, § 2, 7 et 8.

420. Il ne lui est alloué qu'une seule vacation pour faire taxer ses frais sur la minute de son procès-verbal, non plus que pour consigner, lorsqu'il y a lieu, les deniers de la vente. Ces vacations sont taxées à 2 francs pour les villes où il y a tribunal de première instance et à 1 franc 50 cent. partout ailleurs. *Ibid.*, art. 42.

421. VISA. Comme tous les officiers publics, le greffier doit viser les originaux des actes qui lui sont signifiés; mais il ne peut percevoir aucun droit, aucun émolument pour ce visa.

421 *bis.* VISITE DE LIEUX. En matière civile il est alloué aux greffiers, toutes les fois qu'il y a lieu à une visite de lieu à la suite d'une réquisition expresse des parties, des vacations réglées comme il est dit ci-dessus, (*Tarif,* art. 8 et 12.) soit que le transport sur les lieux contentieux ait lieu en exécution de l'art. 38 du code de procédure civile ou bien par application des articles 41 et 42 du même code; car si l'article 8 du tarif de 1807 fait

une distinction entre ces deux cas, l'article 12 est conçu en termes généraux.

422. En matière de simple police, le décret du 18 juin 1811 n'alloue aucune indemnité pour les visites de lieux, et nous ne voyons pas sur quoi on pourrait s'appuyer pour exiger des honoraires, ainsi que quelques auteurs l'ont enseigné.

§ 3. *Règles générales à observer par les greffiers pour le recouvrement de leurs honoraires et des avances qu'ils auraient faites.*

423. Les greffiers, non plus que les officiers ministériels, ne sont pas obligés de faire des avances aux parties; ils sont donc autorisés, lorsqu'une partie requiert qu'il soit procédé à une opération, à exiger d'elle le dépôt d'une somme suffisante pour satisfaire aux droits de timbre et d'enregistrement; mais les émolumens qui leur sont dus ne leur appartiennent que lorsque cet acte a été fait; ils ne peuvent donc exiger que le montant en soit payé ou consigné d'avance entre leurs mains. Nous devons dire cependant que cette distinction, quelle qu'e incontestable qu'elle soit, ne s'observe pas dans l'usage.

Ces frais de timbre et d'enregistrement, venons nous de dire, doivent en général être avancés par la partie qui requiert, soit la mise au rôle, soit la rédaction ou transcription soit l'expédition des actes qui y sont sujets. Bioche et Goujet, *Dictionnaire*, au mot de PROCÉDURE, Vo *Greffe*, no 109.

Mais il s'est élevé relativement à l'avance des frais de scellés de nombreuses difficultés qu'on aurait évitées si l'on n'avait pas oublié de faire une distinction qui résulte de la nature des choses. En effet, ou les scellés sont apposés et doivent être apposés d'office pour le juge de paix, aux termes de l'art. 911 du code de procédure civile, ou à la diligence du ministère public, ou sur la déclaration du maire et adjoint de la commune, ou bien les scellés sont apposés à la requête des prétendans-droits à la succession et hors des cas de l'apposition d'office. Dans la première hypothèse, l'apposition des scellés étant urgente, obligatoire, le jnge de paix ne peut exiger que l'on offre d'avance de con signer les faits ; l'art. 2101 du code civil colloque comme privilége sur la généralité des meubles, les *frais de justice;* tous les auteurs s'accordent à considérer les frais de scellés comme frais de justice : ils sont donc privilégiés ; c'est là toute la garantie que la loi accorde aux juges de paix et aux greffiers. Mais, dans la seconde hypothèse, si les scellés sont apposés par réquisition, s'ils le sont surtout à la requête d'un héritier, par exemple, qui paraîtrait déchu de ses droits, ou d'un créanciers dont les droits peuvent être constés, ou bien enfin d'une des circonstances telles que les héritiers institués prétendent peut-être que ces frais ne devront pas être supportés pour la succession, on ue

5**

peut trouver mauvais que le greffier demande qu'ils soient consigné d'avance: car s'il est vrai que, généralisant la règle établie par l'art. 810 du code civil en faveur de l'héritier bénéficiaire, et par l'art. 1034 en faveur de l'exécuteur testamentaire, on convient assez généralement que les frais de scellés doivent être à la charge de la succession : cette règle n'est pas si générale qu'elle ne soit susceptible de quelques exceptions. Par arrêt du 7 mai 1823 (Sir., 23 1, 375), la cour de cassation a décidé, par exemple, que celui qui a requis l'inventaire des papiers et minutes d'un office doit en supporter les frais ainsi que le paiement des vacations du juge ee paix qui a procédé à cet acte, attendu que l'héritier n'aura pu être tenu que des frais d'un état sommairé.

Des contestations, du reste, étant toujours possibles; il est à désirer que le greffier soit toujours à l'abri de toutes contestations semblables. Il faut donc reconnaître que le paiement des frais de scellés peut être demandé p'avancd au requérant, sauf son droit contre la succession et le privilége qu'il exercera aux termes de l'art. 2101 du code civil.

424. L'intérêt des avances faites par un officier ministériel lui est dû à compter du jour où elles ont été faites (C. civ., 2001); et si plusieurs personnes ont requis l'acte qui y a donné lieu, il peut réclamer de chacune d'elles le paiement entier de ce qu'il a avancé, car elles sont solidairement respon-

sables (*Ibid.*, 1999 et 2002; ANNALES, vol. de 1842, p. 259). Les frais d'un acte sont à la charge de la partie qui l'a demandé ou de celle qui en profite : ainsi ceux d'un avis de parens doivent être payés par la personne qui en avait besoin, et l'expédition d'un jugement par celui qui en a requis la délivrance.

425. Les émolumens qui sont dus pour vente de meubles se prélèvent sur la somme qui en est le produit; ils sont, ainsi que les droits d'apposition, reconnaissance et levée de scellés, considérés comme frais de justice et mis au rang de créances privilégiées. Quant à ceux dus pour prisée de meubles, ils se confondent avec l'inventaire et lui sont assimilés. ANNALES de 1842, p. 186.

426. Les états qui comprennent les frais dus aux greffiers sont soumis à la taxe du juge de paix; ceux des frais dus collectivement au juge de paix et au greffier sont déférés à la taxe du tribunal civil.

427. Lorsque les parties refusent de solder volontairement les frais dus au greffier il peut se présenter deux cas : ou ces frais se composent de déboursés seulement, ou ils se composent de déboursés et d'émolumens. Dans le premier cas le greffier peut requérir du juge de paix la délivrance d'un exécutoire en vertu duquel il peut poursuivre les parties débitrices sans avoir recours aux tribunaux. Dans le second cas il doit procéder comme les créanciers ordinaires et réclamer en justice le paiement des sommes qui lui sont dues, et alors il ap-

partient au tribunal qui statue sur sa demande de réformer s'il y a lieu la taxe qui aurait été faite par le juge de paix.

428. Mais il n'appartiendrait jamais au président du tribunal civil de connaître de la taxe faite par le juge de paix. Depuis l'ordonnance du 17 juillet 1825 ceci n'est plus contestable. ANNALES, vol. de 1841, p. 49, et de 1842, p. 24.

A la différence des actions ordinaires celle-ci doit être intentée, non plus devant le tribunal du domicile du défendeur, mais devant le tribunal de la résidence du greffier à qui les frais sont dus. C. proc., art. 60, et deuxième décret de 1807.

Cette action n'étant soumise à aucune prescription particulière, peut être exercée pendant trente ans.

429. En matière criminelle les indemnités pour voyages ou transports doivent, de même que les droits pour expéditions, extraits, être payés par les receveurs de l'enregistrement du lieu où ont été faits les actes pour lesquels ils sont dus (Décret 18 juin 1811, art. 154); il est défendu de les réclamer directement des parties (*Id.*, art. 155), à moins qu'ils n'aient été faits à la requête d'une partie civile. Ils ne peuvent être acquittés que sur des états ou mémoires des parties prenantes, revêtus de la taxe et de l'exécutoire du juge compétent (*Id.*, art. 138); ils ne sont plus soumis au visa du préfet. Ordonn. 28 novembre 1838, art. 1er.

430. Les formalités de la taxe de l'exécutoire

doivent être remplies sans frais par les présidens, les juges d'instruction, les juges de paix, chacun en ce qui le concerne. Décret 18 juin 1811, art. 10; ordonn. 28 novembre 1838, art. 3.

431. Ces frais sont exigibles aussitôt qu'ils ont été revêtus de l'ordonnance du magistrat taxateur.

432. Dans les tribunaux de première instance cette ordonnance doit toujours être donnée sur le réquisitoire de l'officier du ministère public, qui doit préalablement procéder à la vérification des mémoires, et en cas de réduction donner son avis motivé. Comme l'officier du ministère public près le tribunal du juge de paix n'est institué que pour le jugement des contraventions de police, il n'y a que les frais relatifs à ces contraventions qui soient susceptibles d'être taxés par ce dernier magistrat.

En matière criminelle ou de simple police ces états ou mémoires doivent être conformes aux modèles arrêtés par le ministre de la justice. Décret 18 juin 1811, art. 144.

433. Il doit être fait de chacun deux expéditions, dont une sur papier timbré et une sur papier libre. Ordonn. 28 novembre 1838, art. 2.

434. Chacune de ces expéditions est revêtue de la taxe et de l'exécutoire du juge. La première est remise au receveur de l'enregistrement avec les pièces au soutien des articles susceptibles d'être ainsi justifiés ; la seconde est transmise au ministre

de la justice. Le prix du timbre tant du mémoire que des pièces à l'appui est à la charge de la partie prenante. Ces mémoires tiennent lieu des pièces justificatives exigées par l'art. 145 du décret du 18 juin 1811, et ceux qui ne s'élèvent pas à 10 francs sont exempts de timbre. Décret 18 juin 1811, art. 145 et 146.

CHAPITRE V.

FORMULES.

On appelle *formule* en procédure, tout modèle d'acte de quelque nature qu'il soit; or les actes qui peuvent être faits par les greffiers des justices de paix peuvent varier à l'infini et nous n'avons pas la prétention d'indiquer toutes les espèces qui peuvent se présenter, parcequ'il est impossible de prévoir toutes les nuances que peuvent amener les divers incidens de la procédure; aussi nous contenterons-nous de donner dans un premier § quelques notions relatives à la rédaction des actes généraux et ordinaires et dans le deuxième nous fournirons des modèles des principaux actes particuliers aux greffiers.

§ 1er. *Notions générales.*

Aujourd'hui, sous l'empire de nos codes, le caractère des actes se détermine par les dispositions elles-mêmes et non par la qualification qui leur est donnée ou les termes dans lesquels ils sont rédigés; c'est pourquoi on ne reconnaît plus de formules d'actes proprement dites ni d'expression sacramentelles; par conséquent si pour remplir une formalité il est plus prudent de suivre littéralement les indications du code, on peut toujours y suppléer par des équivalens. Thomines, t. 1, p. 155; Amiens, 2 juillet 1822; D. A., t. 7, p. 730.

Cependant au milieu de cette variété de formes il y en a qui, constitutives des actes, pour ainsi dire, sont essentielles pour leur validité. C'est de celles-ci seulement que nous dirons quelques mots dans ce paragraphe.

Tout acte authentique doit :

1o Être écrit en un seul et même contexte, lisiblement, sans abréviation, blanc, lacune, surcharge, chiffres, interlignes; les renvois ou apostilles doivent être indiqués dans l'acte par un signe correspondant à un autre semblable mis en marge et à la suite duquel le renvoi est écrit; puis ensuite être approuvés et paraphés et les indications des poids es mesures de longueur ou de capacité doivent être faites d'après le système décimal et suivant les dénominations adoptées par le tableau annexé à la loi du 4 juillet 1839 sur les poids et mesures.

Les blancs, lacunes, intervalles et signes qui existeraient au moment où l'acte est terminé doivent être remplis par une barre; les sommes et dates doivent être écrites en toutes lettres.

2o Énoncer la date, les noms et lieux de résidence des fonctionnaires ou officiers publics qui l'ont reçu, en ayant soin d'indiquer si l'acte est reçu par un suppléant ou rédigé par un greffier d'office, qu'il procède aux lieux et place du juge ou du greffier légalement empêché.

Dans les procès-verbaux la date se met au commencement de l'acte; dans les jugemens, ordonnances ou cédules elle se met à la fin.

3o Indiquer les noms, prénoms, qualités et demeures des parties, et faire mention que lecture de l'acte leur a été donnée.

Si l'une des parties est représentée par un mandataire, il faut avoir soin d'énoncer la date et la mention d'enregistrement de la procuration, et d'annexer cette procuration à l'acte, après l'avoir fait certifier véritable par le mandataire.

4o Être signé des fonctionnaires, officiers ou magistrats qui l'ont reçu et des parties, faire mention de la signature, ou dans le cas où l'une des parties ne pourrait ou ne voudrait signer, faire mention de leur déclaration à cet égard.

Quand un acte doit être signé par le juge et le greffier, ces deux signatures sont mises sur la même ligne, celle du juge à gauche, celle du greffier à droite.

Dans les procès-verbaux qui se font par vacations, on doit indiquer le temps et le nombre des vacations employées aux opérations.

5o Contenir, lorsqu'il énonce un autre acte, l'indication qu'il est enregistré si l'acte est authentique et la copie textuelle de la mention d'enregistrement si l'acte est sous seings privés.

6o Et enfin lorsqu'il s'agit de jugement, indiquer qu'il a été rendu publiquement, contradictoirement ou par défaut, en premier ou en dernier ressort.

Dans le paragraphe suivant on trouvera dans les modèles des différentes formules qui en font l'objet l'application des régles que nous venons de rappeler.

§ 2. *Modèles divers.*

1. MODÈLE DE TRAITÉ (1).

Entre M. Pierre, etc..........................d'une part
et M. Jacques, etc........................... d'autre part;
a été convenu ce qui suit :

Article premier. M. Pierre cède, transporte et abandonne sans aucune autre garantie que celle de droit, à M. Jacques, qui l'accepte, la charge de greffier qu'il exerce à......... ensemble la clientelle et tout ce qui est attaché audit office.

Pour, par ledit sieur Jacques, en jouir ou disposer comme de chose à lui appartenant, à compter du jour de sa nomination par Sa Majesté.

(I) Nous ne donnons pas ici toutes toutes les clauses dont un traité est susceptible, parcequ'il serait impossible de prévoir toutes les nuances que peuvent amener des conditions diverses relativement à à la libération et à la garantie; mais il nous a paru bon de signaler les clauses les plus ordinaires. Le droit de vendre une charge n'entraîne pas celui d'imposer toutes conditions possibles à la vente, et nous avons pensé qu'un modèle serait de quelque intérêt, d'autant plus que nous signalons celles des conditions qui bien que paraissant fort naturelles, ont cependant été plusieurs fois exclues sur l'injonction du procureur du roi ou de la chancellerie. Nous devons dire toutefois que la jurisprudence du ministère n'est pas à cet égard bien constante.

Art. 2. Le présent traité est fait moyennant la somme de......, prix principal, en ce, non comprise la somme de....., montant du cautionnement déposé par M. Pierre, et qu'il se réserve expressément, ladite somme payable, savoir : le jour de la nomination (1) de M. Jacques....., et le surplus en..... paiemens....., chacun échéant le..... et jusqu'au paiement de ladite somme de....., elle produira intérêt à 5 pour 100 par an sans retenue, payables à partir du jour de ladite nomination. Ces intérêts décroîtront proportionellement au fur et à mesure que les paiement seront faits sur le capital.

Lesdits paiemens en capital et intérêts devront être faits au domicile de M. Pierre en espèces d'or et d'argent ayant cours, et non autrement, M. Jacques renonçant dès à présent au bénéfice de toutes lois et arrêtés contraires.

Art. 3. Dans le cas où M. Jacques viendrait à se marier, il s'oblige à payer dans les huit jours de la célébration de son mariage la portion restant due sur son prix ainsi que les intérêts échus, si mieux

____

(1) On ne paie ordinairement rien avant la nomination. Du reste, comme nous l'avons dit chap. 3 ci-dessus, le ministère n'admettrait pas cette clause. Serait également prohibée la clause par laquelle on déléguerait une portion du prix d'achat à un ou plusieurs créanciers du titulaire, ou encore celle par laquelle on conviendrait que *M. Pierre*, à partir de telle époque fixé, prêterait son ministère à *M. Jacques* jusqu'au jour de sa nomination, et lui tiendrait compte de tous les produits et bénéfices qui en résulteraient.

il n'aime rapporter, lors de ladite célébration, l'engagement solidaire de sa femme (I).

Art. 4. M. Jacques aura la faculté d'anticiper les époques de paiement du capital ci-dessus fixées, à la condition de prévenir M. Pierre deux mois à l'avance, mais sans pouvoir se libérer par paiemens moindres de.....

Art. 5. M. Pierre se réserve expressément le privilége de vendeur sur le droit à la finance de ladite charge, et par conséquent sur le prix qu'en pourrait obtenir M. Jacques ou ses ayant-droit, en cas de cession ultérieure avant l'entier acquittement du prix ci-dessus convenu. (2)

Art. 6. Si M. Jacques vient à céder sa charge avant son entière libération, ce qu'il restera devoir sur le prix du présent traité deviendra exigible, nonobstant les délais ci-dessus le jour de la nomination de son successeur. Ce dernier s'oblige en outre, à peine de tous dommages-intérêts, à ne rétrocéder ladite charge sous aucun prétexte, tant qu'il n'aura pas intégralement payé son prix, sans en prévenir M. Pierre son vendeur dans les quinze jours qui suivront le traité de ladite union.

(I) Bien que cette clause ait figuré dans presque tous les traités anciens; elle est en ce moment à l'index; on la répute immorale, comme pouvant porter entrave à la conclusion du mariage.

(2) Le ministère depuis quelque temps a trouvé, nous ne savons pourquoi, un sujet d'ombrage dans cette clause, car ce privilége existe; nous avons cru néanmoins devoir la conserver, nous fondant sur l'arrêt de cassation que nous avons rapporté plus haut, chap. 2.

Art. 7. Si M. Jacques venait à décéder avant sa libération, ce qui restera dû deviendra pareillement exigible au jour de son décès.

Art. 8. M. Jacques fera toutes les diligences, remplira toutes les formalités uécessaires pour obtenir sa nomination. A cet effet, M. Pierre s'engage à lui remettre sa démission en sa faveur seulement le.....

Les frais d'enregistrement attachés aux présentes seront à la charge de M. Jacques.

Art. 9. Les minutes des procès-verbaux de vente de l'exercice de M. Pierre et les décharges qui se trouvent ensuite, ainsi que tous répertoires et registres, seront par lui remis après récolement sans frais à M. Jacques, qui promet de l'en aider au besoin, mais sans déplacement. Cette remise sera faite aussitôt que M. Jacques aura obtenu sa nomination.

Art. 10. M. Jacques s'oblige et s'engage à obliger ses successeurs à délivrer aux parties intéressées qui en font la demande tous extraits ou expéditions des procès-verbaux de vente de l'exercice de M. Pierre, qui seraient réclamés par les parties, sans exiger d'autre indemnité que les simples déboursés du timbre.

Art. II. Immédiatement après sa nomination , M. Jacques effectuera le versement de son cautionnement; M. Pierre de son côté, avisera au retrait du sien. (I)

(I). Le cautionnement du démissionnaire étant soumis aux oppositions qui peuvent survenir pendant les trois mois qui suivent la déclaration de cessation de fonctions et le cautionnement du nouveau titulaire étant affecté, à partir du jour de sa nomination, à la garantie de sa gestion, il est néces-

Aux présentes est intervenu M..... lequel, après avoir pris connaissance du présent traité, a déclaré se porter caution solidaire des paiemens stipulés dans les art...... (1).

Art. 12. Dans le cas où M. Jacques viendrait à décéder avant sa nomination et dans le cas où l'agrément de Sa Majesté lui serait refusé, le présent traité sera nul et sans effet, sans aucune indemnité de part et d'autre, à moins que le refus ne soit fondé sur un fait personnel à M. Jacques et indépendamment de la volonté de M. Pierre. Comme M. Pierre n'entend transmettre sa charge qu'à M. Jacques, sa démission sera, en ce cas, retirée et considérée comme non avenue.

Art. 13. M. Pierre s'interdit expressément la faculté de traiter d'une autre charge donnant droit de faire des ventes mobilières dans le rayon de..... Il aidera M. Jacques de ses conseils pendant trois mois à partir de ce jour, et il promet d'honneur de faire tout ce qui dépendra de lui pour conserver à M. Jacques la clientelle attachée à l'office présentement vendu.

---

saire que ces deux cautionnemens restent pendant un certain temps cumulativement au trésor. Voilà pourquoi le démissionnaire ne peut faire au nouveau titulaire transport de son cautionnement.

(1) Si l'acquéreur ou la caution donne une hypothèque, comme l'acte de constitution d'hypothèque doit être notarié et que le traité ne l'est pas, on convient seulement que par acte ultérieur et séparé, une hypothèque sera consentie avant la délivrance de la démission, mais que néanmoins l'inscription au profit du vendeur ne pourra être requise qu'à partir du jour de la nomination.

Art. 14. M. Pierre déclare et affirme sur l'honneur être entièrement libéré, à l'égard de son prédécesseur, du prix de la charge par lui présentement vendue.

Art. 15. Les soussignés déclarent et affirment sous la foi du serment le présent traité sincère et n'avoir aucune condition particulière pour augmenter le prix de ladite charge ou modifier les clauses du présent traité.

Fait..... à....., le

En présence de 1o..... 2o.....

2. *Modèle de démission.*

Je soussigné...... greffier de la justice de paix du canton de..... demeurant à..... déclare, par ces présentes, donner ma démission de mesdites fonctions en faveur de M..... demeurant à..... que je présente à l'agrément de Sa Majesté comme mon successeur. J'entends néanmoins que la présente démission ne puisse profiter qu'à lui seul, la considérant comme nulle et non avenue dans le cas où il n'obtiendrait pas sa nomination. Ce.....

3. *Modèle officiel du certificat de propriété à délivrer par un juge de paix, en cas de demande en remboursement d'un cautionnement.*

Je soussigné (noms, prénoms), juge de paix du canton de....., arrondissement de....., département de..., certifie, conformément au décret du 18 septembre 1806, et sur l'attestation de (noms, prénoms, qualités et résidence des deux témoins), que le sieur (nom, prénoms et qualités du titulaire), est décédé à..., le..., *ab intestat;* qu'après son décès, il n'a pas été fait d'inventaire, et que (noms, prénoms, qualités et résidence des ayant-droit), ses héritiers sont propriétaires du capital et des intérêts du cautionnement que ledit sieur... a fourni en sadite qualité, et qu'ils ont droit d'en recevoir le remboursement.

Fait à.....

Ce certificat énumérera la portion afférente à chacun des ayant-droit, et, s'il y a des mineurs, les noms des tuteurs qui ont droit de toucher pour eux ; il ne peut être délivré par un juge de paix qu'autant qu'il n'existe aucun acte de transmission de propriété passé devant notaire. Il doit être légalisé.

4. *Modèle de procés-verbal d'insulte ou d'irrévérence grave envers le juge pendant son audience.*

L'an, etc.;

Nous, etc., déclarons et certifions qu'à notre audience donnée ce jour en notre prétoire, sur l'action intentée par le sieur Léonce A..., marchand boucher, demeurant en la commune de..., contre le sieur Boniface B..., épicier à... Celui-ci, en exposant sa défense, s'est livré envers nous aux outrages les plus graves ; qu'il a dit que... (Indiquer les paroles menaces et voies de fait.)

Nous lui avons représenté l'indécence de ses propos et la gravité de sa conduite, et l'avons invité à se modérer ; mais il n'a tenu aucun compte de cet avertissement et a continué les mêmes outrages en répondant que... (Indiquer les nouveaux propos.)

Desquels faits nous avons dressé le présent acte en la présence dudit sieur B..., lui avons donné lecture et l'avons invité à le signer ; ce qu'il a refusé de faire.

Fait à..., le...

5. *Modèle de procés-verbal d'arrestation ou condamnation de ceux qui troublent l'ordre, exci-
tent du tumulte, ou se livrent à des voies de
fait ou injures dans une audience de police.*

Nous, juge de paix du canton de..., département
de,.., certifions que, pendant notre audience du
jeudi... mars mil huit cent..., au moment où nous
procédions au jugement de l'action intentée devant
nous, comme juge de police, par le sieur Alexandre
B..., contre le sieur Cyriaque A..., l'ordre et la tranquillité ont été troublés par Joseph C..., marchand
boucher, demeurant à..., qui s'est permis de (signes
d'approbation ou d'improbation, propos ou tumulte
qui ont eu lieu); que nous avons ordonné audit C...
de se taire et d'observer la tranquillité et la décence
dues à la justice, mais qu'il a réitéré ses procédés;
qu'alors nous l'avons fait expulser de la salle d'audience par l'huissier de service; qu'il y est entré
peu de temps après en disant... (Nouveaux propos.)

2· Qu'en vertu de l'art. 504 du code d'instr., nous
avons ordonné qu'il fût saisi à l'instant et conduit
à la maison d'arrêt de cette ville pour y être détenu
pendant 24 heures.

Enjoignons, en conséquence, au gardien de ladite
maison de le recevoir sur le vu de ce procès-verbal,
qui a été de suite rédigé en présence dudit C..., auquel lecture a été faite par M..., huissier de service,
qui a été chargé de mettre à exécution la présente
ordonnance.

Donné à....., le.....

En cas d'injures ou de voies de fait pouvant donner lieu à l'application ultérieure de peine de
police, dire à la suite du paragraphe I, ce qui
suit :

Que ces propos forment la contravention prévue par l'art.... du code pénal qui est ainsi conçu : (Termes de cette loi.)

Vu, en outre, l'art. 505 du code d'instruction criminelle, dont les termes suivent : Lorsque le tumulte, etc.

Condamnons ledit sieur C... à l'amende de 5 fr. ainsi jugé.

6. *Modèle du plumitif.*

Formule approuvée par le comité de constitution de l'assemblée constituante.

DATES des enregistremens.	NUMÉROS correspondant aux minutes. (s'il y en a,.	MENTION DES AFFAIRES.
5 janvier.	«	Citation en réconciliation à la requête de J.-P. C..., par exploit de S...., huissier à..., en date du..., contre F. M... Ledit sieur F. M... n'a pas comparu. (Signature du greffier.)
Id.	16	Citation, etc. Comparution de... Jugement portant, etc.

7. *Modèle de Jugement.*

Justice de paix du canton de....., département de,...., Audience tenue publiquement, à l'heure accoutumée, en l'auditoire ordinaire du tribunal (si le jugement était rendu ailleurs, l'énoncer) le.... du mois de..... an mil huit cent....., par nous....., juge de paix, avec l'assistance de M....., greffier de cette justice de paix. (Cet intitulé, mis en tête de la feuille, sert pour tous les jugemens qui y sont portés ; il est inscrit dans l'expédition de chaque jugement.)

Entre le sieur A....., serrurier, demeurant à..,.., demandeur d'une part,

Et le sieur B....., charpentier, demeurant à....., défendeur d'autre part. (S'il y a plusieurs parties en instance. il faut les nommer toutes avec le titre ou la qualité sous laquelle elles procèdent.)

Par exploit de M....., huissier, en date du..... Enregistré à....., le.....; registre....., folio..... Le sieur A..... a fait citer le sieur B..... à comparaitre devant nous pour se voir condamner à..... (Expliquer ici les conclusions du demandeur.)

Le sieur B..... a comparu, et pour sa défense a dit..... (Rapporter les conclusions.)

Sur quoi, nous juge de paix, statuant par jugement définitif, contradictoire et en premier ressort;

Attendu..... (Expliquer les motifs de la décision.); déclarons..... En conséquence condamnons le sieur B.... à..... (expliquer clairement le dispositif du jugement), le condamnons en outre aux frais de la présente instance, liquidés à la somme de....., non compris le coût et la signification du présent jugement.

Fait et jugé. etc.

8. *Modèle de pouvoir pour comparaître devant le tribunal ou le bureau de paix.*

Je soussigné Thomas C..., demeurant à...., rue....,

donne pouvoir à M... de..., pour moi et en mon nom, comparaître devant le tribunal de paix de...., sur la citation qui m'est donnée, à la requête du sieur...., présenter toutes exceptions et défenses, nommer, s'il y a lieu, tous experts, assister à leurs opérations, composer, traiter, transiger, compromettre, signer tous actes et procès-verbaux, élire domicile, et généralement faire ce qui sera nécessaire, promettant l'avouer.

A....., ce....

S'il s'agit d'une citation en conciliation, dire : Comparaître à tous bureaux de paix et de conciliation, se concilier si faire se peut, traiter, composer, transiger, nommer tous arbitres et amiables compositeurs, s'en rapporter à leur jugement et renoncer à tous appels, requêtes civiles, et recours en cassation, et généralement faire tout ce qu'il croira utile avantageux pour mes intérêts, promettant l'avoir pour agréable.

A....., ce....

9. *Modèle d'acte d'affirmation sur rapport verbal d'un garde-champêtre.*

Aujourd'hui, etc.,

Devant nous, etc.,

Est comparu le sieur Gilles A..., garde-champêtre de la commune de.....

Lequel nous a dit que cejourd'hui (ou le jour d'hier), heure de. . (Ecrire la déclaration du garde champêtre sur le délit dont il s'agit.)

Et a ledit A.. affirmé devant nous la déclaration ci-dessus sincère et véritable ;

Desquelles déclaration et affirmation nous avons rédigé le présent acte, que nous avons signé après lecture faite au sieur A..., qui a déclaré ne savoir écrire ni signer.

A..., les jours, mois et an susdits.

10. *Modèle d'affirmation de la partie qui demande des frais de voyage.*

Aujourd'hui, etc.,

Devant nous Ives D..., greffier de la justice de paix du canton de..., au greffe

est comparu

M. Bernard F....., chirurgien, demeurant à.....

Lequel a affirmé, sous serment par lui prété en mes mains, que le voyage par lui fait de sa demeure à... (siége du tribunal), le..., pour soutenir l'instance entre lui et le sieur..., terminée par jugement du..., n'avait par d'autre but que ledit procès ; il a déclaré en conséquence requérir la taxe fixée par les réglemens, et a signé avec nous après lecture, à..., les jours, mois et an susdits.

11. *Modèle d'une expédition délivrée en forme de grosse.*

Louis, etc..., roi des Français, à tous présens et à venir, salut ;

Le juge de paix du canton de....., département de....., a rendu le jugement dont la teneur suit : (Copier ici le jugement et ensuite on ajoute.)

Mandons et ordonnons à tous huissiers sur ce requis de mettre le présent jugement à exécution, à nos procureurs généraux et à nos procureurs près les tribunaux de première instance, d'y tenir la main ; à tous commandans et officiers de la force publique d'y prêter main forte lorsqu'ils en seront légalement requis;

En foi de quoi ledit jugement a été signé par le juge de paix et le greffier.

La présente grosse, délivrée en première expédition sous le sceau de cette justice de paix, au sieur....., pour lui servir de titre exécutoire, par nous greffier soussigné.

A....., le..... du mois de..... an mil huit cent.....
(Sceau.)   (Signature du greffier.)

12. *Modèle d'une expédition sans formule exécutoire.*

Extrait des minutes du greffe de la justice de paix du canton de..... département de.....

(Après avoir copié ou transcrit la minute, le greffier ajoute :)

Certifié véritable par le soussigné greffier de.....

A..... le..... du mois de....., an mil huit cent.....,
(Sceau.)   (Signature.)

13. *Modèle d'exécutoire.*

Nous, etc.;

Vu notre jugement rendu à l'audience du....., par lequel nous avons condamné le sieur B... à extirper les plantations par lui faites sur le terrain désigné en cette sentence, et démolir les bâtimens et murs qu'il y avait élevés ;

Vu la sommation qui lui a été faite à la requête de Paul A..., demandeur, par exploit de M..., huissier à...., en date du..., enregistré, pour le mettre en demeure de satisfaire à ladite condamnation ;

Vu les quittances des sieurs Louis C... et Simon D..., ouvriers chargés d'exécuter lesdits travaux, constatant qu'il leur a été payé par le sieur A... la somme de...;

Vu un état des diverses autres dépenses pour la même cause s'élevant à la somme de... payé par le sieur A..., ledit état certifié et signé par lui;

Vu aussi l'art. 27 du code de procédure, disons que, par le premier huissier de ce requis, le sieur B... sera contraint par toutes voies de droit à payer au sieur A... la somme de... pour le remboursement de l'avance des susdites dépenses faites à la charge du sieur B...

Délivré à.....

Cet acte est mis au rang des minutes et il en est délivré par le greffier une expédition revêtue de la formule exécutoire.

14. *Modèle d'exécutoire délivré à un officier public pour le paiement des droits d'enregistrement ou de timbre dont il a fait l'avance.*

Nous, etc.

Sur l'exposé qui nous est soumis par Me A..., notaire à...., qu'il a été obligé de faire pour le sieur Charles B..., artiste dramatique, demeurant à..., l'avance des droits de timbre et d'enregistrement au sujet de son contrat de mariage, en date du..., lesquels montant à la somme de...., suivant l'état qu'il a dressé, et la quittance du sieur C..., receveur de l'enregistrement au bureau de....., étant au bas dudit acte à nous représenté, qu'un exécutoire du montant de ladite somme lui est nécessaire pour obtenir son paiement.

Vu l'acte du..., au bas duquel est la relation du

préposé de l'enregistrement en date du...., contenant mention du paiement de la somme de..., pour les droits d'enregistrement;

Considérant que ledit acte a exigé l'emploi de feuilles de papier timbré qui ont coûté.... francs.... centimes.

Disons que, par le premier huissier sur ce requis, le sieur B... sera contraint, par toutes les voies de droit, à payer au sieur A..., notaire, la somme de.... pour remboursement de l'avance par lui faite des droits de l'acte sus-énoncé.

Délivré...., le... juin mil huit cent....

La partie requérante se fait délivrer, en forme exécutoire, une expédition de cet acte dont la minute est déposée au greffe.

15. *Modèle de procès-verbal de visite de lieux.* **(1)**

L'an, etc.

Nous, etc...., juge de paix du canton de....., en exécution du jugement interlocutoire par nous

---

(1) Les procès-verbaux qui peuvent être dressés par les greffiers dans les différentes opérations dont ils sont chargés sont très nombreux; mais comme leurs formes sont toujours les mêmes, nous nous sommes contentés de donner ici le modèle des plus importans, de ceux surtout qui peuvent être accompagnés de quelques incidens ; et à l'aide de ceux-ci et des règles que nous avons indiquées dans le § 1er de ce chapitre. Le libellé de ces différens actes sera toujours très facile.

rendu le..... du présent mois, enregistré....., sur l'action intentée par le sieur A....., avouant demeurer à....., ladite commune.

Et à la requête du sieur A....., nous sommes transportés, assisté du greffier de notre justice de paix porteur de la minute dudit jugement, dans une maison située à....., rue de....., lui appartenant, à l'effet de constater ......

Et là étant, dans une pièce servant de....., s'est présenté ledit sieur A....., lequel, persistant dans sa précédente demande, nous a requis de procéder immédiatement à la visite par nous ordonnée, tant en présence qu'en l'absence dudit sieur B..... et a signé.

(Signature.)

Et à l'instant est aussi comparu ledit sieur B....., lequel a déclaré qu'il ne s'oppose pas à la visite dont il s'agit, offrant d'y assister sous toutes les réserves de droit, et a signé.

(Signature.)

Sur quoi nous avons donné acte aux parties de leurs consentemens et réserves, et avons, en leur présence, procédé comme il suit :

1° Nous avons remarqué dans la chambre où nous sommes que.......

2° Dans un salon ayant vue sur un jardin, nous avons remarqué que... (comme dessus; et si dans le cours de l'opération les parties font des requisitions ou des demandes, on dit :)

En cet endroit, le demandeur a requis que..... exprimer les moyens et conclusions), et a signé.

(Signature.)

A quoi le défendeur a répondu que..... (analyse de la réponse), et a signé.

Sur quoi nous, juge de paix;

Attendu que..... (Motifs de la décision.)

Ordonnons..... (Enoncer ici ce que le juge prononce, soit un renvoi à l'audience, soit une mesure provisoire, soit un simple acte donné aux parties de leurs dires, avec réserves de leurs droits respectifs.)

Et, attendu qu'il n'y a plus rien à visiter ou examiner, nous renvoyons la cause et les parties, pour être fait droit, à notre audience du....., dépens réservés.

Fait et clos le présent procès-verbal à....., les jour, mois et an susdits, à..... heure....., et ont les parties signé avec nous et le greffier.

(Signatures.) (I)

15 *bis*. *Modèle de procès-verbal d'enquête et de contre-enquête dans une cause sujette à l'appel sur action personnelle et mobilière, contenant reproche contre des témoins.*

Aujourd'hui...., etc., devant nous..., etc., est comparu le sieur..., lequel a dit que par jugement de..... enregistré le....., nous avons ordonné, avant de faire droit, que nous entendrions à cette audience les témoins qu'il a été autorisé à citer pour nous fixer sur la vérité des faits énoncés audit jugement ; qu'à cet effet, et en vertu de la cédule que nous lui avons délivrée le...., il les a fait citer au nombre de....

(I) Le cadre de ce procès-verbal peut se prêter à tous les incidens des diverses procédures dans lesquelles les greffiers peuvent avoir des procès-verbaux à dresser, car ils sont tous rédigés dans la même forme, et l'on trouvera facilement quelles sont les énonciations propres à chaque espèce en recourant aux textes du code de procédure, auxquels ces incidens se réfèrent.

pour être présentement entendus ainsi qu'il appert de l'acte de citation signifié au pied de la cédule par le ministère de..., huissier à...., le.., enregistré le...; en conséquence le comparant a demandé qu'il soit procédé à l'audition desdits témoins tant en absence que présence du sieur..., défendeur, demeurant à...., auquel il a aussi fait notifier ladite cédule par autre acte du ministère de...., huissier à....., en date du...., enregistré le.., lesquels actes le comparant a déposés ès-mains du greffier et a signé (ou a déclaré ne le savoir).

Et à l'instant est aussi comparu..... (Nom, prénoms et demeure du défendeur), lequel a dit qu'il ne s'oppose à l'audition des témoins appelés par le demandeur, offrant d'y assister sous toutes réserves de droit, et en outre que de son côté, pour établir la preuve contraire qui lui est réservée par ledit jugement, il a fait citer, suivant acte du ministère de....., huissier à...., en date du..., et dûment enregistré le....., cinq témoins dont il demande l'audition; de laquelle citation il a remis l'original ès-mains du greffier et a signé, etc.

Sur quoi, nous, juge de paix, vu le jugement, la cédule et les citations ci-dessus énoncés, donnons acte aux parties de leurs comparutions, dires et réquisitions, et avons procédé à l'audition des témoins de la manière suivante.

...... Si l'une des parties ne comparait pas, on modifie ainsi :

Et après avoir attendu plus d'une heure au-delà de celle indiquée par notre cédule, attendu que le défendeur ne comparait pas ni personne pour lui, nous avons donné défaut contre lui et ordonné qu'il sera passé outre, et en conséquence, etc....

Après avoir fait donner lecture du jugement qui

ordonne l'enquête à tous les témoins respectifs, pré
sens et réunis, lesquels se sont ensuite retirés hors
de l'audience, nous les avons fait rentrer l'un après
l'autre suivant la loi, et chacun a été entendu sépa-
ment en présence des parties.

Ier *témoin*, Frédéric D..., propriétaire, demeurant
à......, âgé de...., a déclaré qu'il n'est ni parent, ni
allié, ni serviteur, ni domestique des parties ; a
fait le serment de dire la vérité, toute la vérité, rien
que la vérité, et a déposé en ces termes..., (Ecrire sa
déposition en ayant soin d'employer autant que
faire se pourra les termes dont il se sera servi).

(Si le témoin après avoir déposé est interpellé par
le juge de paix d'office ou sur la demande des parties, on ajoute avant la clôture de sa déposition :)

Interpellé par nous de dire si tel fait est......, etc.,
ou d'expliquer tel autre....., etc., a répondu....., etc.
Lecture faite de cette déposition, le témoin ayant dit
n'avoir rien à ajouter à ladite déposition, et qu'elle
contient vérité, y a persisté et a signé.

2e *témoin*, ...,(Noms, prénons, âge, qualités ,
demeure et sa déclaration qu'il n'est ni parent, ni
allié, ni serviteur, etc., comme à l déposition ci-
dessus) ; à l'instant où cette déclaration a été faite,
le sieur......, défendeur, a dit qu'il reproche ce té,
moin, attendu que... (Enoncer clairement et sommairement ce reproche) ; à quoi le demandeur a répondu que...., etc. Le témoin, interrogé sur la vérité
de ce reproche, a dit que....; sur quoi, et attendu
que la loi permet d'entendre le témoin, sans rien
préjuger, sur les reproches, nous, juge de paix, joi-
gnons les reproches au fond et ordonnons que ledit
témoin sera entendu, sauf à avoir lors du jugement
tel égard que de droit à sa déposition.

Alors ledit témoin, après avoir juré de dire la vérité, toute la vérité et rien que la vérité, a déposé ainsi en présence des parties....., etc.

Lecture faite.... (le reste comme ci-dessus).

3ᵉ *témoin*, ... (comme plus haut).

Tous les témoins du demandeur ayant été entendus, nous avons procédé à l'audition de ceux appelés par ledit sieur......, défendeur, en observant les mêmes formalités précédentes, tant pour leur auditionqui a eu lieu séparément en présence des parties que pour leurs déclaration et serment.

4ᵉ *témoin*......... (Noms, prénoms, âge, qualités et demeure, comme dans la déposition du premier témoin produit par le demandeur, et ainsi continuer pour tous les autres.)

Et attendu que tous les témoins ont déposé, nous disons que pour entendre les observations et pour faire droit sur les conclusions des parties, elles seront tenues de comparaître à notre audience du....., sans citation préalable.

Fait et clos le présent procès-verbal les jour, mois et an que dessus.

.,..... Signatures du juge, du greffier et des parties.

Quand l'un des témoins cités ne comparait pas et se fait excuser, il faut changer ainsi la finale *attendu que tous les témoins*, etc. : Et attendu que le sieur...., demeurant à......, l'un des témoins appelés par...., n'a point comparu, et qu'il nous a fait adresser un certificat délivré par...., le......, enregistré le...., portant que..... ; attendu que ce motif est une cause valable, et que la cause est suffisamment entendue par suite de l'audition des précédens témoins, disons qu'il sera passé outre au jugement de la cause, etc.

Si, au contraire, le juge de paix pense que l'excuse ne doit pas être admise, on continue ainsi : Et attendu que le témoin..... n'a pas comparu, que l'exeuse présentée par lui n'est pas suffisante, que son audition est nécessaire, ordonnons qu'il sera réassigné à ses frais pour le....., heure de..,.. jour auquel nous renvoyons les parties pour...., etc.

Si le juge de paix croit la déposition du témoin nécessaire, on met :

Attendu que l'excuse proposée est valable, mais que l'audition du témoin est nécessaire, nous ordonnons qu'il sera réassigné pour comparaître à l'audience du....., à laquelle nous continuerons la cause en présence des parties, lesquelles seront tenues de comparaître sans citation nouvelle.

Fait....., etc.

Mais si dans ce cas le témoin était infirme ou incapable de se présenter, on dirait :

Attendu que le fait constaté par le certificat est une cause suffisante, mais qu'il nous est indipensable d'entendre le témoin, nous ordonnons que sa déposition sera par nous reçue en son domicile, auquel nous nous transporterons le....,. de ce mois, à.,....., heures du......, et enjoignons aux parties d'y comparai're sans citation.

Fait et clos ....., etc.

Si le juge de paix se transporte sur les lieux et se fait assister d'experts, on ajoute après avoir mentionné la comparution des parties et des experts :

Vu la comparution desdites parties et des experts, nous avons fait lever la main à ces derniers, et prêter serment de bien et fidèlement, et en leur âme et conscience, nous donner leur avis, etc....; après quoi, en présence des parties, nous avons constaté en premier lieu que........, etc. Interrogés par nous, les experts nous ont déclaré........,etc. (Mentionner ici l'opinion des experts, en ayant soin d'indiquer leurs opinion séparément s'ils ne sont pas unanimes.)

Si le procès-verbal ne peut être fait dans un seul jour, on mentionne ainsi la remise à un autre jour :

Et attendu l'heure avancée............,.. (ou toute autre raison qui motive le renvoi), nous avons renvoyé la suite de notre opération à....... prochain, heures de..., auxquels jour et heures les parties, les experts et les témoins seront tenus de comparaître sans nouvelle citation.

16. *Procès-verbal de bornage et de mesurage.*

Entre A...., demandeur d'une part;

Et B...., défendeur d'autre part.

Par notre jugement contradictoirement rendu l..., qui sera enregistré avec ou avant le présent, nous avons ordonné que ce jourd'hui il serait, par nous en présnce des parties et d'après leurs titres, procédé au bornage de la pièce ci-après désignée de A... d'avec celle de B..., et à cette fin, au mesurage de ces pièces; le tout à l'aide des sieurs..., arpenteurs à..., experts que nous avons nommés d'office.

En exécution de ce jugement, nous, juge de paix, nous sommes transporté, accompagné de notre greffier, sur les pièces A... et B..., sises au terroir de..., lieu dit..., aboutissant au chemin, conduisant à...., où s'étaient déjà rendus les arpenteurs et où se sont présentés devant nous A... et B..., qui nous ont représenté leurs titres.

D'après ceux de A..., qui consistent dans un contrat d'acquisition passé devant..., notaire à..., le..., et dans un partage reçu par..., notaire à.... le..., sa pièce doit contenir 25 ares.

Suivant les titres de B..,, qui consistent entre autres dans un acte de donation entre vifs passé devant..., notaire à...., le..., sa pièce doit avoir 300 ares.

Cet examen fait, et après avoir reçu des sieurs..... le serment de bien et fidèlement remplir leur mission, nous avons, à leur aide, procédé aux opérations dont il s'agit.

Les pièces des parties ne sont séparées que par un sillon ; celle de A..., qui d'abord a été mesurée, ne contient que 24 ares, en sorte qu'elle éprouve un déficit de un are, et la pièce B..., mesurée à son tour, contient 32 ares, ou deux ares de plus que la quantité indiquée par les titres.

Puis, pour opérer le bornage entre ces deux pièces et de manière qu'un are se trouve distrait sur toute longueur de la pièce B... et réuni à celle de A... pour lui compléter 25 ares, nous avons placé deux bornes entre lesquelles la démarcation sera en ligne droite, l'une à l'extrémité nord, l'autre au bout vers le midi desdites deux pièces, et qui sont, la première à tant de distance de..., et la seconde à tant de distance de... (Points invariables autant que possibles.)

Ces deux bornes, en gris brut, sont enfoncées dans le sol de 50 centimètres, et au pied ont été mis des cailloux et des pierrailles.

Au moyen de ce bornage, la pièce de A... se trouve maintenant avoir 25 ares, quantité conforme à son titre, et la pièce de B... se trouve réduite de 31 ares, mesure qui excède encore celle portée dans le sien.

La mission des experts étant terminée, ils ont ici signé après lecture.

Puis, nous, juge de paix, avons donné acte à B... de ce que A... consent qu'il fasse la récolte instante sur la portion de terrain distraite de sa pièce et réunie à celle de ce dernier.

Et, à l'égard des frais, attendu qu'ils doivent être supportés en commun ;

Avons condamné les parties à les supporter chacune par moitié; lesdits frais taxés et liquidés à.....

Ainsi fait et prononcé sur les lieux, par nous..., juge de paix du canton de..., assisté de..., notre greffier, le.....

17. *Modèle de procés-verbaux d'apposition et de levée de scellés.*

Le, etc.

Nous....., juge de paix de....., assisté de M..., greffier de notre justice de paix.....

En exécution de notre ordonnance du....., et obtempérant à la requisition qu'elle contient; accompagnés du sieur B....., requérant, nous sommes transportés à la maison qui était habitée par le sieur C....., où étant arrivés et montés au premier étage, dans un chambre servant de....., nous avons trouvé la dame....., veuve dudit sieur C....., à laquelle nous avons expliqué....., et nous l'avons invitée en conséquence à nous indiquer tous les lieux qui composaient l'appartement occupé par elle et son défunt mari.

Ladite veuve C.,. nous a dit que le sieur B..., qui avait requis l'apposition des scellés, n'étant pas le créancier sérieux de son défunt mari, elle entendait s'opposer à ce que nous procédassions à aucune apposition de scellés, et requérait qu'il en fût référé devant qui de droit, et a signé sous toutes réserves.

(Signatures.)

A quoi le sieur B..... a répondu à l'instant qu'il ignorait sous quel prétexte la dame C... prétendait qu'il n'était pas créancier sérieux de son défunt mari, et que puisqu'il était porteur de...; que cependant il ne s'opposait nullement à ce qu'il en fût référé à M. le président du tribunal civil; mais en même temps qu'il nous requérait d'établir garnison intérieure et extérieure pour empêcher le divertissement des effets de la succession, et a ledit sieur B... signé.

(Signatures.)

Sur quoi, nous, juge de paix, avons donné acte aux parties de leurs dires et réquisitions ci-dessus, et, attendu l'opposition faite par madame veuve C..., disons qu'à l'instant même nous allons nous transporter devant M. le président du tribunal de première instance... à..., au Palais de Justice et en son cabinet, pour être par lui statué sur l'obstacle survenu à l'apposition des scellés; et considérant que la maison où nous sommes à plusieurs issues et qu'il serait facile d'emporter des meubles et effets pendant notre absence, avons établi à chacune des portes d'entrée de ladite maison un gardien, savoir: à la porte sur la rue de..., le sieur..., demeurant...,et à la porte sur le jardin, le sieur..., demeurant; lesquels ont tous deux accepté cette garde, et ont signé le présent procès-verbal avec nous, les parties et le greffier.

(Signaturess.)

Et étant arrivés à..., devant M. D..., président du tribunal de première instance, séant audit lieu, nous lui avons fait notre rapport, et après avoir entendu les parties, il a rendu l'ordonnance suivante.

(Texte de cette ordonnance.)

(Signatures.)

Et le.....

En conséquence de l'ordonnance qui précède,

nous nous sommes transportés au domicile du sieur C..., où nous avons relevé de leur garde les gardiens provisoires, après avoir pris d'eux serment qu'ils n'ont vu ni su qu'il ait été, pendant notre absence, détourné aucuns effets ; après quoi, ladite veuve C... nous a requis de faire, avant noire apposition des scellés, perquisition du testament qu'elle sait que son mari a fait il y a... ans environ, et a signé.

Et par le sieur B... a été dit qu'il n'empêchait cette perquisition, et a signé...

Ce à quoi obtempérant nous avons fait perquisition dans tous les secrétaires, bureaux et armoires qui nous ont été indiquées par ladite veuve C..... comme devant contenir le testament annoncé, et nous avons effectivement trouvé dans un meuble placé dans..., ayant vue au midi, un paquet carré, cacheté de... et portant pour suscription ces mots : *ceci est mon testament*, signé C..., avec paraphe ; l'enveloppe duquel paquet nous avons paraphée avec ledit sieur B... et la dame veuve C..., et nous avons indiqué... prochain... mars mil huit cent..., heure de midi, pour nous transporter devant M. le président du tribunal de première instance de..., à l'effet de lui présenter le paquet dont il s'agit pour qu'il en fasse l'ouverture et ordonne le dépôt du testament qui y est renfermé, et nous avons signé en cet endroit avec les parties comparantes.

(Signatures.)

Et ensuite nous avons commencé ladite apposition des scellés ainsi qu'il suit :

Dans une salle à manger ayant vue au couchant, nous avons appliqué deux bandes de ruban, l'une portant d'un bout sur...., et portant d'autre bout sur.....; l'autre bande portant d'un bout sur..... et d'autre bout sur.....; aux extrémités de chacune desquelles bandes nous avons mis nos scellés en cire rouge molle, portant pour empreinte notre cachet de juge de paix.

Les objet existant dans cette chambre qui n'ont pas été mis sous les scellés sont, 1o... 2o..., etc.

(Dans chaque chambre l'évidence se fait ainsi au fur et à mesure qu'on passe d'une pièce dans une autre.)

Dans le..... nous avons trouvé la somme de..... en pièces de cinq francs et monnaie de billon; laquelle somme nous avons laissée à ladite dame veuve C..., qui s'en est chargée pour servir à fournir aux dépenses de la maison, et sans que cela puisse lui attribuer d'autre qualité que celle qu'elle jugera à propos de prendre par la suite, et a signé.

(Signatures.)

Lesquels lieux et effets ci-dessus désignés sont tous ceux à nous indiqués par les comparans, et notamment par la dame veuve C..., laquelle, après serment par elle fait devant nous, et par ses domestiques, qu'ils n'ont rien détourné, vu ni su qu'il eût été rien détourné, directement ou indirectement, des meubles et effets, et biens de ladite succession, s'est, desdits scellés et de tout ce que dessus, volontairement chargée, et a promis de représenter le tout quand et à qui il appartiendra.

Ce fait, le sieur B..., élisant domicile en la demeure de N..., habitant de cette commune, a requis qu'il fût délivré expédition du présent procès-verbal, et il a été remis au greffier dix clefs des serrures sur lesquelles notre scellé a été apposé; il a été vaqué à tout ce que dessus, depuis ce matin neuf heures jusqu'à ..... heures après midi, et avons signé avec les comparans et le greffier.

A...., etc.

Et le..., pardevant M. D..., président du tribunal de première instance de....., en son cabinet à....., en présence du sieur B..., requérant, et de ladite dame veuve C..., nous avons fait notre rapport, et présenté le paquet trouvé lors des opérations d'apposition de scellés; et après avoir entendu lesdits B... et C..., M. le président a rendu l'ordonnance suivante : (Texte de l'ordonnance du président.)

18. *Modèle de rapport de juge de paix délégué pour prendre connaissance des livres d'un commerçant et dresser procès-verbal de leur contenu.*

1º Aujourd'hui, etc.;

Nous, etc,;

Sur la requisition du sieur Charles A., négociant, demeurant à...

Vu l'expédition en forme authentique du jugement rendu par le tribunal de commerce de..., en date du..., enregistré, et par lequel nous sommes délégué pour vérifier le livre journal dudit sieur A... et en constater l'état.

2o En vertu de cette commission, nous sommes transporté au domicile dudit A....; ou étant, il nous a représenté le livre dont il s'agit, à l'examen duquel nous avons procédé comme il suit :

Le livre contient quatre cents feuillets, dont trois cent cinquante feuillets sont écrits et les autres en blanc.

Pour en garantir l'identité et assurer son état actuel, nous l'avons visé, coté et paraphé *ne varietur*, sur le revers du trois cent cinquantième feuillet, immédiatement après le dernier article écrit.

6**

Après avoir parcouru tous les feuillets écrits, nous avons remarqué qu'il existe plusieurs ratures, surcharges, interlignes, renvois, notamment aux pages...

Nous portant à la page cent deuxième, où se trouve l'article qui donne lieu à la contribution, nous avons reconnu que ledit article est conçu en ces termes. (Copier cet article.)

De tout ce qui précède, nous avons dressé le présent procès-verbal pour valoir ce que de droit, et avons signé avec le greffier, à..., les jours, mois et an susdits.

19. *Modèle d'un jugement contradictoire en dernier ressort du tribunal de police sur une action du ministère public.*

1o. Tribunal de police du canton de..., département de..., audience publique tenue le vendredi..... mars mil huit cent..., à l'heure accoutumée, au prétoire du tribunal, par M...... juge de paix dudit canton, assisté de M..., greffier de la justice de paix.

En présence de M..., maire de la commune de..., remplissant les fonctions du ministère public. (Cet intitulé, mis en tête de la feuille d'audience, sert pour tous les jugemens qui y sont portés; il est transcrit dans l'expédition de chaque jugement.)

2o. Entre M. le maire de la commune de..., remplissant les fonctions du ministère public près le tribunal de police, demandeur d'une part, et le sieur Paul A..., menuisier, demeurant à..., d'autre part.

Par exploit de M. B..., huissier à..., en date du....., enregistré, ledit sieur A... a été, sur la requête du demandeur, cité à comparaître aujourd'hui devant le tribunal pour, attendu que... (transcrire ici le libellé de la citation), s'entendre condamner à la peine fixée par l'art. 475, n.4, du code pénal, et aux frais.

3°. Il a comparu et déclaré qu'il était prêt à répondre aux charges et preuves que le demandeur avait à lui opposer.

4o. Sur cette déclaration, l'organe du ministère public a requis la lecture du procès-verbal; elle a été en conséquence faite publiquement et à haute voix par le greffier.

Le sieur A... s'est justifié des faits mis a sa charge par ledit acte, en disant que... (Analyse de la défeuse de la personne citée.)

Énsuite l'organe du ministère public a pris la parole et a dit que...(résumé des preuves et des moyens de l'action); il a conclu à ce que ledit sieur Paul A... fût, par application de l'art. 475, n. 4, du code pénal, condamné à dix francs d'amende et aux dépens.

Le sieur Paul A... a fait observer que... (Observations du cité.)

5°. Sur quoi nous, juge de paix, remplissant les fonctions de juge de police;

Attendu qu'il est établi par le procès-verbal que le jeudi... janvier dernier..., ledit sieur A..., passant en voiture dans le village de..., a fait courir son cheval dans la descente qui y existe;

Que ledit procès-verbal est régulier et fait foi de son contenu jusqu'à preuve contraire;

Que les dénégations du sieur A... ne sont appuyées sur aucune preuve;

Vu les art. 475, n. 4, du code pénal et 262 du code d'instruction criminelle, ainsi conçus : « Seront punis d'amende, etc. » (Transcrire ces textes.)

6. Condamnons le sieur Paul A... à une amende de six francs au profit de la commune de...; le condamnons en outre aux dépens de la présente instance, liquidés à la somme de..., non compris les frais d'expédition et de notification du présent jugement.

7°. En foi de quoi le présent jugement, rendu contradictoirement et en premier ressort, a été signé par nous et le greffier à..., les jour, mois et an que dessus.

20. *Modéle de déclaration d'un électeur qui veut coopérer à l'élection des conseillers de département ou d'arrondissement de son domicile réel après avoir fixé ailleurs son domicile politique.*

Aujourd'hui, etc.;
Pardevant nous Sylvain A..., greffier de la justice de paix du canton de..., au greffe...
A comparu :
M. Dominique B..., ancien magistrat, demeurant à..., commune de ce canton, lequel a déclaré que son domicile politique était fixé à Trévoux, départetement de l'Ain; que néanmoins il entendait exercer au lieu de sa résidence actuelle le droit de coopérer à l'élection des membres du conseil de département et du conseil d'arrondissement.
De laquelle déclaration, etc.

21. *Modéle de procés-verbal d'estimation de mobilier conservé par un tuteur.*

L'an..., etc.
A la réquisition du sieur A..., propriétaire, de-

meurant à....., agissant.... (mentionner exactement les qualités avec lesquelles agit le requérant).

Et en présence de M. B..., maréchal, demeurant à...., **subrogé-tuteur** desdits mineurs, nommé à cette fonction par délibération du conseil de famille desdits mineurs, reçue et présidée par M. le juge de paix de...., ainsi qu'il résulte du procès-verbal qui en a été dressé le....., enregistré.

Nous, greffier de la justice de paix du canton de....., expert spécialement chargé par ledit sieur B..., subrogé-tuteur, à l'effet de faire la prisée à juste valeur des meubles et effets mobiliers dépendant de la communauté qui a existé entre lesdits sieur et dame A..., et de la succession de cette dernière, attendu la déclaration faite par ledit sieur A..., qu'il entend, conformément aux dispositions de l'article 453 du code civil, conserver le tout en nature, laquelle mission d'experts nous avons acceptée, ainsi que le constate le procès-verbal dressé par M. le juge de paix de....., en date du...., dont expédition demeure ci-annexée, devant lequel nous avons, autant que de besoin, réitéré le serment de procéder à ladite expertise en notre âme et conscience, au plus juste prix, et sans...

Nous nous sommes transportés au domicile dudit sieur A..., où étant, sur la représentation qui nous a été faite par le sieur A..., nous avons procédé auxdites opérations de description et prisées desdits objets mobiliers, ainsi qu'il est requis aux termes de la loi.

En présence de (dénommer les témoins), témoins à ce requis, lesquels, ainsi que le sieur A..., tuteur, et le sieur B..., subrogé-tuteur, ont signé avec nous, greffier après lecture.

Suit la description du mobilier.

Le montant de la prisée est de la somme de (ici en toutes lettres, et en chiffres en marge).

Lesquels objets estimés ci-dessus, que le sieur A... a affirmé être les seuls dépendans desdites communauté et succession, sont restés en sa possession, du consentement du subrogé-tuteur, pour en compter auxdits mineurs ainsi qu'il appartiendra.

Il a été vaqué à tout ce que dessus, depuis ladite heure de..... jusqu'à celle de....., par double vacation.

De tout ce que dessus nous avons rédigé le présent procès-verbal, que M. A... tuteur, et M. B..., subrogé-tuteur, ont signé avec nous et les témoins, après lecture.

A....., les jour, mois et an susdits.

(Signatures.)

22. *Modéle de placards pour annoncer une vente de meubles.*

VENTE DE MEUBLES.

Après décès ou faillite, ou par autorité de justice.

En la demeure de....., à.....

Le dimanche, 11 mars 18..., à midi.

Par le ministère de M....., greffier de la justice de paix dudit lieu.

Cette vente consiste en (nature des objets à vendre en détail et conditions de la vente).

Il sera payé... en sus du prix d'adjudication cinq centimes par franc applicables aux frais.

23 *Modéle de déclaration et de procés-verbal de vente.*

L'an mil huit cent...., le.... du mois de..., est comparu, au bureau d'enregistrement de...., M....., greffier de la justice de paix du canton de....., demeurant à...., lequel a déclaré que (énoncer ici le temps où la vente commence) il procédera (lieu de la vente) sur la requéte (désigner ici la partie requérante), à une vente d'objets mobiliers appartenant à (nommer ici le propriétaire de ces effets), de laquelle déclaration il a requis acte et a signé sur le registre.

Pour copie conforme :

Le receveur de l'enregistrement,

Signé...

L'an mil huit cent...., le...., à... heures du matin...

A la requéte du sieur C..., boulanger, demeurant à....., lequel nous a requis expressément, dans l'intérét de la vente, d'accorder un terme de.... aux personnes qui se rendraient adjudicataires, et dont les noms suivent : (indiquer les noms).

Il a été, par nous... soussigné, assisté de (dénommer les deux témoins), témoins à ce requis, procédé à la vente aux enchères des meubles appartenant audit sieur A..., et trouvés à (lieu de leur situation), après avoir reconnu qu'il existait un nombre suffisant d'enchérisseurs et fait mettre à la porte de la maison un tapis et une affiche, le tout ainsi qu'il suit :

Il a été exposé et mis en vente :

1° Un lot de...., adjugés au sieur G..., demeurant à....., moyennant dix francs, ci . . . . . 10 fr.

2° . . . . . , adjugés au sieur P..., demeurant à..., moyennant quatre francs, ci. . . . . . . 4 fr.

Etc., etc.

Il a été vaqué à tout ce que dessus jusqu'à... heure. Après quoi nous avons annoncé au public que la vente était finie pour aujourd'hui, et qu'elle serait continuée demain à... heures, et a le requérant signé avec nous et les témoins après lecture.

(Les vacations du second jour et des jours suivans peuvent être constatées comme suit):

Et le...., à... heures du matin, en conséquence de la remise annoncée dans la clôture de la précédente vacation, nous nous sommes rendus avec les mêmes témoins à (lieu des objets à vendre), où, après avoir reconnu la présence d'un nombre suffisant d'enchérisseurs et fait mettre à la porte de la maison un tapis et une affiche, il a procédé à la continuation de la vente ainsi qu'il suit :

Il a été exposé et et mis en vente (le reste comme plus haut).

Il a été vaqué à tout ce que dessus jusqu'à... heures après midi ; tous les objets à vendre étant vendus, nous avons annoncé au public que l'opération était finie.

Le produit de la vente s'est élevé savoir :

1° Pour la première vacation, à. 000
2° Pour la deuxième, à. 000
3° Pour la troisième, à. 000

Total. 000

De laquelle somme de...., sur laquelle il n'existe aucune opposition, nous sommes demeurés chargés pour en compter à qui il appartiendra.

Et a, ledit sieur A..., requérant , signé avec nous et les témoins, après lecture faite, à..., les jour, mois et an susdits.

.(S'il a été fait une convention au sujet des honoraires, il faut la mentionner au procès-verbal.) En cas de double enchère, on dit :

Un cheval.... adjugé au sieur H..., demeurant à...., moyennant cent cinquante francs, ci. . . 150 fr.

Et attendu qu'il est arrivé qu'au moment où l'adjudication a été prononcée il s'est présenté un second enchérisseur, nous avons repris les enchères entre eux seulement, et avons adjugé définitivement ledit cheval au sieur G..., demeurant à...., moyennant deux cents francs.

En conséquence, l'excédent sur le prix de l'adjudication primitivement prononcée sous le n. 3 du procès-verbal, est de cinquante francs, ci. . 50 fr.
Lorsqu'il y a lieu à folle enchère, on dit :

Et aussitôt l'adjudication prononcée, le commissaire a réclamé du sieur C..., acquéreur, le prix de l'objet à lui adjugé, et sur son refus de payer, il lui a déclaré que l'objet allait être revendu à la folle enchère.

En conséquence, l'objet ayant été de nouveau crié, a été adjugé au sieur L..., demeurant à...., pour la somme de soixante francs, ci. . . . . 60 fr.

C'est pourquoi il y a perte de vingt francs, déficit que ledit sieur C... a été sommé de payer entre nos mains ; ce qu'il a refusé de faire ; à raison de quoi il est fait pour le sieur A..., requérant la vente, toutes réserves de droit.

Dans le cas où une opposition est faite pendant le procès-verbal, on ajoute :

Et en ce moment il a été signifié au commissaire soussigné par exploit de M..., huissier à..., en date du..., enregistré, une opposition à la remise des deniers de la présente vente pour sûreté d'une créance de quatre cents francs appartenant au sieur Isidore G..., rentier, demeurant à...; de laquelle opposition le commissaire soussigné a visé l'original et a ensuite annexé la copie aux présentes. (Le reste comme dessus.)

Quand il y a lieu à consignation, on dit :

Et le... mil huit cent..., aucune main levée n'ayant été rapportée de l'opposition mise, ainsi qu'il a été énoncé plus haut, entre nos mains ; et le délai prescrit pour une distribution à l'amiable entre les parties étant expiré, le soussigné a dressé comme suit l'état de ses frais et prélèvemens sur les deniers provenant de la vente qui précède.

1o Pour frais d'apposition et de levée de scellés, 00, c. . . . . 00.

2o Pour, etc.

———

Total. . . . . 000.

Et en a requis taxe de M. le président du tribunal, lequel les a réglés comme suit. (Taxe du président.)

Les frais et prélèvemens étant fixés à... et le montant de la vente ayant été de..., reste pour le reliquat la somme de... En conséquence, nous nous sommes rendus au bureau de M..., receveur particulier des finances pour cet arrondissement, préposé de la caisse des consignations, et avons déposé entre ses mains ladite somme..., dont il nous a été donné récépissé.

Fait à..., les jour, mois et an que dessus.

S'il y a lieu au contraire à rendre compte aux parties.

Et le... mil huit cent.... à la requête du sieur A..., qualifié et dénommé dans l'intitulé du procès-verbal de vente qui précède, nous, greffier à..., soussigné, avons procédé à la reddition du compte des deniers provenant de ladite vente, ainsi qu'il suit :

La vente a produit la somme de. 000
Sur cette somme il a été prélevé :
1o Celle de... pour..., ci. 000
2o Celle de... pour..., ci. 00

Total des prélèvemens. . . 00   00

Reste pour le reliquat la somme de. . . 000

Et le requérant, après avoir examiné ce compte, déclare l'approuver dans tout son entier, tant en recettes qu'en dépenses, et fixer le reliquat à la somme de....., que nous lui avons remis, ainsi qu'il le reconnaît et dont il quitte et décharge, ainsi que de toutes choses relatives à cette vente.

Fait à...., les jour, mois et an susdits ; ont les parties signé avec nous, après lecture.

Nos D'ORDRE.	NOMS, PRÉNOMS, profession, âge, domicile et lieu de naissance du condamné.	NOMS, PRÉNOMS, profession et demeure de la personne lésée.	NATURE de la CONTRAVENTION.	LIÉU de la CONTRAVENTION.	LOIS appliquées.	CONDAMNA-TIONS. prononcées.
1	Louis A....., né à ...... âgé de ... ans, (*profession*), demeurant à	Francois L., (*profession*), demeurant à	Moutons blessés par jet de pierres.	Commune de... quartier de ...	§ 2 de l'article 749, et 480 du Code pénal.	Trois jours d'emprisonnement; 15 fr. d'amende; 10 fr. de dommages-intérêts.
2	......, .	....	....	....	......	....
3	, ...	....	....	....	..., .	....

Pour extraits délivrés par nous, greffier du tribunal de police du canton ou de la commune ou de la ville de..., pour être transmis à M. le procureur du roi, conformément à l'art. 178 du code d'instruction criminelle.

25. *Modéle d'extrait trimestriel des jugemens de poliee qui ont prononcé la peine d'emprisonnemens.* (C. d'inst. crim., art. 178.)

N°.	DATES des JUGEMENS.	NOMS, PRÉNOMS, profession et demeure DES PARTIES.	PEINES PRONONCÉES.

CERTIFIÉ véritable par le Greffier soussigné,

(Signature.)

26. *Modéle du relevé sommaire qui doit être fait des jugemens du tribunal de police, susceptibles d'opposition ou d'appel, pour le transmettre au receveur d'enregistrement.*

A l'audience du... août mil huit cent.... le tribunal de police du canton de.... a, sur la requête du ministère public, prononcé les condamnations suivantes :

Art. 1ᵉʳ. Jugement par défaut, en date dudit jour, enregistré le....., contre le sieur Barthélemy A..., charretier de M. Ovide B..., cultivateur à...., département de..., et ce dernier comme civilement responsable, portant condamnation à une amende de dix francs, au profit de la commune de...., et aux frais liquidés à six francs cinquante centimes, pour avoir, le.... du mois de juillet précédent, négligé de se détourner, avec sa voiture et ses chevaux, devant une voiture des messageries royales, contravention punie par l'art. 475, no 3 du code pénal.

Art. 2. (Comme à l'art. 1ᵉʳ.)

Certifié par le greffier soussigné.

A...., le....

(Signature.)

27. Modèle du Répertoire

N° D'ORDRE.	DATES DES ACTES.	NATURE des ACTES.	NOMS des PARTIES.	MONTANT de la VENTE ou INDICATION des biens.	ENREGISTRᵗ.			OBSERV.
					MONTANT des droits.		DATES.	
					fr.	c.		
1	4 juin.	Vente mobilière après décès.	Rémond (J.-Bap.), rue..... Requête de ses héritiers.	893 fr. 95 c.	19	80	7 juin.	
2	9	Jugement.	Entre dame V..., épouse du sʳ M..., rue...; et le sʳ M... son mari.	»	41	80	12	
3	20	Procès-verbal de prisée.	Lambert (Cbr...). Requête de lui-même.	»	2	20		
4	30	Réquisit. de vente.	C... dit L..., rue... Requête du sʳ B...	»	2	20	20 juillet	
5	7 juillet	Compte et décharge.	Rémond. V. n° I.	»	2	20	»	

APPENDICE

sur les

FONCTIONS DES HUISSIERS

DANS LEURS RAPPORTS

AVEC LES JUSTICES DE PAIX.

———◆●◆———

DIVISION.

§ 1er. *Notions historiques et générales.*
§ 2. *Conditions nécessaires pour être huissier.*
§ 3. *Devoirs et responsabilité des huissiers.*
§ 4. *Organisation en communauté et discipline des huissiers.*
§ 5. *Des fonctions des huissiers en général.*
§ 6. *Attributions spéciales des huissiers audienciers des justices de paix.*
§ 7. *Taxe des huissiers des justices de paix.*
§ 8. *Timbre et enregistrement.*
§ 9. *Formules.*

§ 1er *Notions historiques et générales.*

1. Avant le 13e siécle, le nom d'huissier était encore inconnu. Les fonctions que remplissent aujourd'hui ces officiers ministériels étaient dans

les attributions des *ledeaux* ou *sergens* attachés aux bailliages et sénéchaussées pour la signification et l'exécution des sentences.

2. Vers 1250, la dénomination d'huissier vint se confondre avec celle de *portier* ou *gardien de la porte,* parceque les mots *huis* et *porte* étaient synonymes; mais ces huissiers n'étaient admis qu'au parlement en 1336. On n'en voyait pas même encore au Châtelet.

3. Au parlement, les huissiers devaient se trouver au nombre de sept. *Dans la chambre des placets,* pour l'appel et la présentation des causes et pour *oster et garder la noise* entre les assistans, dit le réglement de 1344.

On voit que ces fonctions se rapprochaient déjà de celles de nos huissiers audienciers.

Vers le commencement du 17e siécle, les fonctions d'huissier se confondaient avec celles des *sergens.*

Ils étaient, comme ces derniers, nommés par les baillis et sénéchaux, *moyennant finances,* dont ces derniers tenaient ou plutôt devaient tenir compte au trésor du roi.

On voit que la vénalité des offices date de plus loin qu'on ne le dit généralement.

4. Le nombre des huissiers et sergens fut augmenté et réduit nombre de fois, selon qu'on cédait aux besoins de remplir l'épargne du roi ou aux plaintes des justiciables pressurés par ces officiers et leurs agens subalternes, que les mémoires du

temps désignent sous le nom des *vastatores, come-tatores, dévorans, mangeurs* (1), à cause des déprédations auxquelles ils se livraient lors des exécutions auxquelles ils coopéraient.

5. Puis vint la révolution de 1789, qui renversa tous les tribunaux, et la loi du 27 janvier 1791, qui supprima la vénalité des offices.

Depuis cette époque de nombreuses dispositions législatives furent promulguées relativement à ces officiers ministériels, et enfin les décrets des 6 juillet 1810 et 14 juin 1813 vinrent rendre à l'institution des huissiers une existence plus conforme à l'importance de la mission qui leur était confiée. La loi de 1816, qui détermina leur cautionnement ; l'ordonnance du 26 juin 1822, qui modifia les dispositions relatives à la bourse commune ; celle du 6 octobre 1832, relatives aux chambres de discipline, vinrent compléter cette organisation.

6. Aujourd'hui les huissiers sont *fonctionnaires publics*, et ils jouissent par suite, *dans l'exercice de leurs fonctions*, de la protection accordée par la loi aux représentans de l'autorité. C. pén., 114 ; Cass., 2 août 1833 ; D. P., 3-2-204.

7. Mais aussi en cette qualité ils sont passibles de la dégradation civique en cas d'actes arbitraires

---

(1) Les *mangeurs*, appelés plus tard commissaires, sont désignés aujourd'hui sous le nom de *praticiens*; ce qui est encore un étrange abus de mots.

ou attentatoires aux droits ou libertés des citoyens. Cass., 16 juill. 1812 ; D. P., 9-780.

Et ils doivent être réputés coupables de concussions lorsque, dans l'exercice ou à l'occasion de leur ministère, ils reçoivent ce qu'ils savent ne pas leur être dû. Cass., 15 juill. 1808 et 13 mars 1821 ; D. A., 8-697.

Malgré ces changemens dans la position des huissiers, le peuple n'en a pas moins conservé jusqu'à ce jour une sorte d'antipathie instinctive contre ces officiers, et aujourd'hui encore on le voit trop souvent fidèle à sa haine contre ceux qui par la nature de leurs fonctions sont appelés par la sévérité de la loi à se trouver incessamment en contact avec sa misère. Il faut espérer qu'avec le temps les huissiers feront disparaître tout à fait ces préventions par leur capacité, leur savoir et leur probité.

§ 2. *Conditions nécessaires pour être huissier.*

8. Pour être nommé huissier, il faut 1o être Français ou naturalisé Français, et jouir des droits civils ; 2o être âgé de 25 ans accomplis ; 3o avoir satisfait aux lois de recrutement ; 4o avoir travaillé au moins pendant deux ans soit dans une étude de notaire ou d'avoué, soit chez un huissier, ou pendant trois ans au greffe d'une cour royale ou d'un tribunal de première instance ; 5o avoir obtenu de la chambre de discipline un certificat de moralité, de bonne

conduite et de capacité ; 6° n'exercer aucune fonction incompatible avec celle d'huissier. Décr. 14 juin 1813, art. 10.

En cas de refus par la chambre de discipline de délivrer ce certificat , le postulant peut se pourvoir devant le tribunal de première instance. Décret du 14 juin 1814, art. 10, n. 4, § 2.

9. Les huissiers sont nommés par le roi sur la présentation d'un huissier démissionnaire ou de sa veuve, ou de ses héritiers, après avoir été agréés par le tribunal de première instance dans le ressort duquel ils doivent exploiter. L. 28 avr. 1816, art. 91 ; L. 27 vent. an 8, art. 96 ; Décr. 14 juin 1813, art. 1, 2, 10, 24.

Ils sont tenus de fournir un cautionnement (L. 28 avril 1816, art. 88.) et sont assujettis au paiement d'une patente.

10. Ils doivent, dans le mois qui suit la notification de l'ordonnance de leur nomination se présenter à l'audience publique du tribunal de première instance pour y prêter serment. Faute de le prêter dans le délai ci-dessus , ils demeurent déchus de leur nomination, et ne peuvent être relevés de cette déchéance et admis au serment que sur de justes motifs d'excuse dont l'appréciation appartient au tribunal. Décr. 14 juin 1813, art. 11, 13.

11. Outre le serment exigé des autres officiers publics , les huissiers doivent prêter serment de se conformer aux lois et réglemens concernant leur

ministére, et de remplir leurs fonctions avec exactitude et probité. Décr. 14 juin 1813, art. 7, 11 ; L. 31 août 1830.

12. Ils ne peuvent faire aucun acte de leur ministére, sous les peines de l'art. 196, C. pén., avant d'avoir prêté ce serment, et ils ne sont admis à le prêter que sur la présentation de la quittance du cautionnement fixé par la loi. Décr. 14 juin 1813, art. 12 ; L. 28 avril 1816, art. 88.

13. Les huisssiers ont le droit, ainsi que leurs ayant-cause, de présenter, à l'agrément du roi, leurs successeurs, sauf le cas de destitution. L. 28 avril 1816, art. 91. (1).

14. Ce droit leur a été concédé par la loi de 1816, en échange d'une augmentation de cautionnement exigé par le gouvernement, d'abord pour subvenir aux charges qui pesaient sur le pays, et par suite on a prétendu que la charge de ces officiers ministériels étant devenue ainsi leur propriété à titres onéreux, ils ne pouvaient plus être destitués par une ordonnance de propre mouvement.

MM. Tripier, de la Croix Frainville, Berryer père, Chauveau Lagarde, Persil, Loiseau, Nicod, Odillon Barrot, Isambert, Vivien, Adolphe Chauveau et Duvergier ont donné en différens temps des avis favorables à plusieurs huissiers ou avoués

---

(1) Voyez ce que nous avons dit relativement aux greffiers ci-dessus, § 3.

destitués par simple ordonnance. L'art. 96 de la loi du 27 vent. an 8 porte, disent ces savans jurisconsultes, que les huissiers seront nommés par le chef de l'état, sur la présentation du tribunal. » Et le décret du 30 mars 1808, sur la police des tribunaux est ainsi conçu (art. 102) : « Les officiers ministériels qui seraient en contravention aux lois et réglemens pourront, suivant la gravité des circonstances, être punis par des injonctions d'être plus exacts ou circonspects, par des défenses de récidiver, par des condamnations de dépens en leur nom personnel, par des suspensions à temps, l'impression et même l'affiche du jugement pourront être ordonnées, et leur destitution pourra être provoquée s'il y a lieu. » Par suite des deux textes cités, il résulte positivement que la nomination des huissiers doit être faite sur la présentation des tribunaux, et que leur destitution ne peut s'opérer également sur la provocation des tribunaux. Vainement on objecterait la suspension et les autres mesures disciplinaires auxquels ils auraient été condamnés; il faut une provocation expresse de la part de l'autorité judiciaire. Jusque là il ne saurait y avoir destitution; l'art. suivant du même décret ne laisse aucun doute sur ce point. « Notre procureur général, dit-il, rendra compte de tous les actes de justice à notre grand juge ministre de la justice, en lui transmettant les arrêtés avec ses observations, afin qu'il puisse être statué sur les réclamations, ou *que la destitution soit prononcée* s'il y a lieu. »

La destitution est réservée par cet article au gouvernement; à lui seul appartient le droit de la prononcer, mais seulement lorsqu'il y a lieu , c'est à dire lorsque les tribunaux l'ont provoquée. Ainsi on lit encore dans l'article 103 : « Les mesures de discipline à prendre sur les plaintes des particuliers ou sur les réquisitions du ministère public seront arrêtées en assemblée générale à la chambre du conseil , aprés avoir appelé l'individu inculpé; ces mesures ne seront point sujettes à l'appel ni au recours en cassation, sauf le cas où la suspension serait l'effet d'une condamnation prononcée en jugement. » Le décret du 14 juin 1813, spécial pour les huissiers, place également leurs offices sous la protection des tribunaux, et veut qu'ils ne puissent en être déchus qu'aprés leur décision. S'agit-il, par exemple, d'un huissier qui n'a pas prêté serment dans le délai fixé, le décret statue, art. 13, qu'il est déchu de sa nomination , à moins qu'il ne prouve que le retard ne lui est pas imputable, auquel cas le tribunal pourra le relever de la déchéance et l'admettre au serment. S'agit-il d'un huissier qui a subi une condamnation pour avoir signifié une copie incorrecte, l'art. 44 porte « que s'il est convaincu de récidive , le ministère public pourra provoquer sa suspension ou même son remplacement s'il y a lieu. » Voudrait-on équivoquer sur cette disposition , et prétendre que la provocation du ministère public doit être adressée au garde-des-sceaux, et non au tribunal, voici l'ar-

ticle 74 du même décret, qui détruit péremptoire-
ment l'objection; il dit, en effet, « que la suspension
des huissiers ne pourra être prononcée que par les
cours et *tribunaux* auxquels ils sont respectivement
attachés. ». Ce que le tribunal décide à l'égard des
suspensions, il faut *a fortiori* le décider pour la
déchéance ; car si la suspension ne peut être prononcée que par les tribunaux, certes la déchéance
n'est pas laissée à la merci de l'arbitraire. La loi
du 28 avril 1816 n'a modifié aucune de ces dispositions; elle a mis fin à la jurisprudence qui annu-
lait comme illicites les conventions touchant la
vente des offices. L'art 91 autorise les titulaires ou
leurs héritiers à présenter des successeurs à l'agrément du roi , pourvu que ceux-ci réunissent les
qualités exigées par les lois ; et s'il ajoute que ce
droit de présentation ne compéte pas aux officiers
destitués, il ne résulte pas de là pour le pouvoir la
faculté de prononcer arbitrairement des destitu-
tions. L'art. se réfère nécessairement à la législation antérieure ; elle ne statue rien sur le mode de
destitution ; elle ne dit point dans quel cas ni de
quelle manière elle sera prononcée : c'est par
conséquent toujours aux décrets de 1808 et de
1813 qu'il faut en revenir. Or ces décrets ne permettent la destitution qu'après une provocation expresse de la part des tribunaux.

Toutefois nous devons ajouter que tous les recours exercés jusqu'à ce jour devant le conseil
d'état en pareille position ont été rejetés par le

motif unique « que l'ordonnance de révocation est
un acte purement administratif qui ne peut être
soumis au conseil d'état par voie contentieuse » ;
mais par compensation, ainsi que nous l'avons expliqué ci-dessus, toutes les fois que le garde-des-
sceaux a eu occasion, depuis 1830 notamment, de
nommer un officier ministériel en remplacement
d'un titulaire destitué, il a toujours obligé le candidat à payer à l'officier révoqué, à ses créanciers
ou à son successeur une somme déterminée par le
tribnnal près duquel ce dernier exerçait. ANNALES
des juges de paix, vol. de 1842, p. 167 et suiv.

§ 3. *Devoirs et responsabilité des huissiers.*

15. Les fonctions des huissiers ne commencent
qu'au domicile du citoyen auxquels ils ont des actes
à notifier, et ils doiveni lorsqu'ils exploitent être
toujours munis d'une médaille sur laquelle leur immatricule se trouve gravé. Cette médaille servant
à les faire reconnaître, ils ne peuvent dans aucun
cas refuser d en justifier lorsqu'ils sont dans l'exercice de leurs fonctions.

16. Avant d'entrer en fonctions, ils doivent se
faire inscrire sur un registre tenu à cet effet au
greffe du tribunal civil de leur ressort : c'est cette
inscription qui constitue ce que nous venons d'appeler leur immatricule.

17. Ils doivent aussi conserver la résidence qui
leur avait été assignée par le tribunal, sous peine

d'être remplacé (Décr. du 14 juin 1813, art. 15 et suiv.); prêter leur mini-tère sur la requisition des parties, sans acception de personne, sous peine de tous dépens, dommages et intérêts et même d'interdiction. C. pr., 507; décret du 14 juin 1813, art. 4.

18. Sur le refus par un huissier, sans cause préalable, d'instrumenter à la requête d'un particulier, celui-ci peut s'adresser au président de la cour, du tribunal ou au juge de paix, qui devrait connaître de la querelle, afin d'obtenir de lui une ordonnance portant injonction à l'huissier, qui pourrait être destitué s'il persistait dans son refus, sans préjudice de tous dommages-intérêts et des autres peines qu'il pourrait avoir encourues. Décr., 18 juin 1811, art. 85, et 14 juin 1813; Carré, *Droit franç.*, no 386.

19. Ils doivent justifier de leur compétence par l'insertion dans leur acte de leurs noms, demeure et immatricule, à peine de nullité (Grenoble, 14 avril 1818; Sirey, 25, 110); énoncer la patente des personnes à la requête desquelles ils agissent quand elles sont soumises à cette formalité (Ord. du 23 déc. 1814); remettre eux-mêmes à personne ou domicile les actes qu'ils sont chargés de signifier, sous peine d'une suspension de trois mois et d'une amende de 200 fr. à 2,000 fr. V. C. p., 146, et décret du 14 juin 1813.

On à même jugé que l'huissier qui ne présente pas lui-même au visa du maire ou de l'adjoint du domicile du débiteur, ainsi que le prescrit l'art. 673 du C. proc. civ., l'original du commandement à personne qui précède la saisie immobilière, commet une contravention à l'art. 45 du décret du 14 juin 1813, qui est général et s'applique à tous les actes qu'un huissier est chargé de signifier. Cass., 7 oct. 1842.

20. Les huissiers qui signifient des copies illisibles, incorrectes et remplies d'abréviations sont passibles de l'amende de 25 fr. prononcée par l'art. 2 du décret du 29 août 1813. Cass., 29 fév. et 21 avril 1836, 8 fév. 1837, 12 juin 1839 et 8 juill. 1840. Annales, vol. de 1836, nos 601 et 1069; D. P., 37-1244. 39-1-247, 40-1-307.

Ils doivent régler le nombre de lignes de chaque page, selon la dimension du papier, également à peine d'amende. Décr., 29 août 1813, art. 1er et suiv.

21. Jugé que lorsqu'un huissier a excédé dans une signification le nombre de lignes par page fixé par la loi, il ne suffit pas, pour faire prononcer contre lui la condamnation à 25 fr. d'amende, que le ministère public produise la pièce incriminée. mais il faut encore que les formes prescrites par les art. 31 et 32 de la loi du 13 brumaire an 7 soient observées. Cass., 26 mars 1835, 15 fév. 1841; Annales, vol. de 1835, p. 191.

22. Ils sont obligés de mentionner, sous peine d'une amende de 5 fr., au bas de l'original et de la copie de chaque acte le montant de leurs droits et déboursés.

Et ils doivent mentionner le jour et dans certains cas l'heure du jour où ils instrumentent. C. forest., 25.

23. Ils doivent tenir des répertoires cotés et paraphés; ceux des huissiers audienciers, par le président des cours ou tribunaux prés desquels ils exercent; ceux des huissiers ordinaires, par le président du tribunal dans la ville où siége un tribunal de première instance, et les autres par le juge de paix du canton, où ils inscrivent tous les actes et exploits de leur ministére, sous peine d'une amende de 5 fr. pour chaque omission. L., 22 fr. an 7; Décr. 14 juin, art. 46 et 48; L., 16 juin 1824.

Une décision du ministre des finances du 19 février 1823 permet aux huissiers audienciers de tenir deux répertoires, l'un pour les actes qu'ils font comme huissiers audienciers, l'autre pour ceux qu'ils font comme huissiers ordinaires.

24. Enfin les huissiers doivent donner un récépissé des piéces et une quittance de l'argent qu'ils reçoivent des porties. Décr., 16 fév. 1807, art. 66.

25. Les huissiers, dans tous les cas où ils sont chargés d'une commission, sont responsables des dommages qu'éprouverait une partie par suite de la nullité de l'acte qu'ils auraient libellé; toutefois c'est aux tribunaux qu'il appartient d'apprécier s'il y a lieu ou non à condamner ces officiers ministériels à des dommages et intérêts, et on a jugé qu'un huissier qui a signifié un acte d'appel

nul peut être déchargé de toute responsabilité lorsqu'il est certain qu'il n'a pas agi de mauuaise foi, qu'il remplit habituellement ses fonctions avec zéle, et alors surtout que l'acte a été remis par lui à son client longtemps avant que la nullité fût irrémédiable. C. pr. 71, 1031, 1383; Cass., 14 mars 1838; ANNALES, vol. de...

Jugé encore que l'huissier ne peut être responsable des nullités qui se trouveraient dans un exploit qui lui serait remis dressé et signé par la partie on son représentant. Caen, 27 mars 1813; Pigeau, *Comm...* p. 1, 200, et t. 3, 743.

26. Ils sont contraignables par corps pour la restitution des piéces qui leur sont confiées et des deniers par eux reçus de leurs cliens. Décrets, 18 juin 1811 et 14 juin 1813.

27. Les huissiers sont déchargés des piéces qui leur ont été confiées aprés deux ans, depuis l'exécution de la commission ou de la signification des actes dont ils étaient chargés. C. civ., 2276.

Mais cette prescription ne peut être opposée par eux aux débiteurs qui se seraient libérés sur poursuites. Paris, 28 déc. 1825; Chauveau, 30, 130.

§ 4. *Organisation des huissiers en communauté.—* *Bourse commune. — Discipline.*

28. Tous les huissiers résidant et exploitant dans l'étendue du ressort du tribunal clvil d'arrondisse-

ment de leur résidence sont réunis en communauté. Décr. du 14 juin 1814, art. 1er.

29. Chaque communauté a une chambre de discipline, laquelle est présidée par un syndic et tient ses séances au chef-lieu d'arrondissement, au moins une fois par mois.

Le nombre des membres qui doivent composer cette chambre, le mode de convocation de ses membres et son organisation intérieure sont réglés par les dispositions du chap. 2, titre 3 du décret du 14 juin 1813.

Cette chambre est chargée notamment de veiller au maintien de l'ordre et de la discipline parmi les huissiers de l'arrondissement, à l'exécution des lois et réglemens qui les concernent, et encore de s'expliquer sur la moralité et la conduite des huissiers en exercice, toutes les fois qu'elle en est requise par les cours ou tribunaux, mais elle n'a jamais le droit de statuer par voie de disposition générale et réglementaire. Décret du 14 juin 1813, titre 3, chap. 3, et Cass., 24 juillet 1832; D., 32, 347.

Dans chaque communauté d'huissiers il y a une bourse commune, exclusivement destinée à subvenir aux dépenses de la communauté, et à distribuer, lorsqu'il y a lieu, des secours tant aux huissiers en service qui seraient indigens, âgés et hors d'état de travailler, qu'aux huissiers retirés pour cause d'infirmités et de vieillesse, mais non destitués, et aux veuves ou orphelins d'huissiers. Décr.

du 14 juin 1813 et ordonnance du 26 juin 1822, art. 1er.

Elle se forme d'une portion prélevée sur les originaux seulement des actes inscrits aux réserves des huissiers d'après délibération de la chambre homologée par le tribunal, le *minimum* ne peut être inférieur au 20e du cout de ces originaux, et le *maximum* ne peut excéder le 10e.

Tout ce qui est relatif à cette bourse commune et à l'emploi des fonds qu'elle possède est réglé aujourd'hui par l'ordonnance du 26 juin 1822, modificative du décret du 14 juin 1813.

§ 5. *Des fonctions des huissiers en général.*

30. Sous l'empire de l'ordonnance de 1667, les parties pouvaient, à défaut d'huissiers, donner elles-mêmes assignation avec l'assistance de deux témoins qui signaient l'exploit, et, en outre, par un étrange abus, certains huissiers avaient le privilége d'instrumenter dans tout le royaume, et le coût du transport dépassait par fois la valeur du procès. Aujourd'hui tout cela a disparu ; le ministére de l'huissier est forcé, mais aucun huissier n'a le droit d'exploiter hors du ressort de l'arrondissement dans lequel il réside.

Les tribunaux peuvent même restreindre, dans certains cas et sans appel, cette compétence à un canton de l'arrondissement. Cass., 4 fév. 1834, Sirey. 34, 91.

31. Les huissiers-audienciers et les huissiers ordinaires font concurremment, chacun dans l'étendue ressort du tribunal civil de première instance de sa résidence , toutes citations, notifications et significations nécessaires pour l'instruction des procés , ainsi que de tous actes et exploits requis pour l'exécution des ordonnances de justice, jugemens et arrêts. Décr. 14 juin 1813, art. 2 et 24.

32. Ils sont sans qualité pour instrumenter hors du ressort du tribunal où ils ont été reçus. Il leur est même défendu d'instruire, en matiére criminelle ou correctionnelle , hors le canton de leur résidence , sans un mandement exprés du procureur du roi ou du juge d'instruction , qui ne peuvent en délivrer que pour l'étendue du ressort du tribunal de première instance. Ibid. Art. 29 et 30; Cass. 12, niv. an 12, 12 avril 1808 ; D. P. 3-1-414, 8-1-187; Favard. Vo *Huissier.*

33. Les exploits des huissiers sont des actes authentiques, et comme tels ils font foi , jusqu'à inscription de faux. Riom , 14 mai 1824; Chauveau 35. 358.

34. Toutefois cela n'est rigoureusement vrai qu'à l'égard des formalités en quelque sorte intrinsèques et des énonciations qui tiennent à l'essence même de l'acte , et dont la loi exige impérieusement l'accomplissement.

35. Le privilége accordé par la loi aux huissiers comprend les actes judiciaires et extrajudiciaires et il ne peut y avoir d'autres exceptions à cette règle que celles qui sont formellement formulées par un texte précis de loi. C'est donc à tort, selon nous, que dans les matières administratives on fait notifier les décisions rendues en matières contentieuses par de simples lettres mises à la poste.

36. Les huissiers doivent être assistés de deux témoins, lorsqu'il s'agit de saisies mobilières, de contraintes par corps, de protêts, de ventes mobilières et de sommation à une personne qui refuse de délivrer un certificat de vie C. pr., 585 et 783; L. 22 pluviôse an 7, art. 5 ; Décision ministérielle des finances du 13 août 1807.

37. Les huissiers près les tribunaux de première instance ne peuvent exploiter pour eux-mêmes ou leurs femmes, ni pour leurs parens et alliés et ceux de leurs femmes, en ligne directe jusqu'à l'infini ; ni pour leurs parens et alliés collatéraux, jusqu'au degré de cousin issu de germain inclusivement. C. proc. 66; Pau, 13 juillet 1813; Dall. *Dict. gén.* V^o *Huissier*, n. 77.

38. Cependant il a été jugé par une sage interprétation de l'art. 66 du C. proc., qu'un huissier peut instrumenter pour les alliés de sa femme au degré de cousin-germain. Lyon, 29 juillet 1821; Dall. P., 25-2-126.

39. La prohibition est plus restreinte lorsqu'il s'agit d'affaires de la compétence des juges de paix, il est seulement défendu aux huissiers près de ces tribunaux d'instrumenter pour leurs parens et al-

liés en ligne directe , pour leurs fréres , sœurs et alliés au même degré. C. proc., 4.

40. Lorsque des particuliers usurpent les fonctions des huissiers, ceux-ci peuvent les actionner en dommages-intérêts, mais non les faire punir en invoquant le décret du 19 juillet 1810, art. 1er. Ce décret n'est applicable qu'à ceux qui empiétent sur les droits des avoués. Dall., *Dict. gén.*, Vo *huissier*, n. 60; Bastia, 24 août 1840; D.P 40-2-236.

41. L'huissier qui a fait volontairement élection de domicile dans son étude pour son client peut être considéré comme ayant accepté un mandat de celui-ci, et par conséquent être déclaré passible de toutes les conséquences de ce mandat. C. civ., 1251, § 3; C. comm., 164; Cass., 9 mars 1837; Annales, vol. de 1837, no 799.

42. Dans les lieux pour lesquels il n'est point établi de commissaires priseurs exclusivement chargés de faire les prisées et ventes publiques de meubles et effets mobiliers, les huissiers procédent concurremment avec les notaires et les greffiers auxdites prisées de ventes publiques, en se conformant aux lois et réglemens qui y sont relatifs. Décr., 14 juin 1813, art. 37. V. notre *Commentaire sur les ventes publ.*, p. 6, no 2 et suiv.; V. aussi ci-dessus, Vo *Greffier*, § 4.

43. L'exercice du ministère d'huissier est incompatible, 1o avec toute fonction publique salariée (décr., 14 juin 1813, art. 40); 2o avec la profession d'avocat (ordon. du 20 nov. 1822, art. 42); 3o avec

celle de notaire ou d'avoué et avec les fonctions de greffier (arrêté du 6 prairial an 10); 4o avec les fonctions de défenseur officieux devant les tribunaux de commerce et devant la justice de paix. L., 25 mai 1838, art. 18.

44. Il leur est défendu, sous peine d'être remplacés, 1o de faire le commerce et notamment de tenir auberge, cabaret, cafet, tabagie ou billard, même sous le nom de leurs femmes, à moins qu'ils n'y soient spécialement autorisés (*ibid*, art. 41) ; et 2o de se rendre cessionnaire de procès et droits litigieux qui sont de la compétence du tribunal dans le ressort duquel ils exercent. C. civ., 1597.

§ 6. *Des huissiers audienciers.*

45. Les huissiers audienciers, indépendamment des fonctions conférées aux huissiers ordinaires, ont le droit *exclusif* de faire le service personnel près les cours et tribunaux près desquels ils sont attachés.

46. Autrefois ces huissiers étaient nommés directement par les cours et tribunaux ; mais aujourd'hui ils ne peuvent être pris que parmi les huissiers ordinaires.

Nous ne voulons nous occuper ici que des huissiers audienciers près les tribunaux de paix et de simple police; ce qui concerne les huissiers audienciers des cours et tribunaux nous entraînerait plus loin que le cadre que nous nous sommes tracés dans cet article.

47. Dans l'origine de l'institution des justices de paix, les juges de paix ruraux n'avaient pas d'huissier, les citations à comparaître devant eux devant être données,en vertu de cédules qu'ils délivraient, par le greffier de la municipalité du domicile des parties assignées. **L.** du 14 oct. 1790, tit. 1er, art. 5.

48. Les juges de paix des villes pouvaient de leur côté commettre pour le service de leur juridiction un huissier qui seul avait le droit d'instrumenter devant leur tribunal. **L.** du 6 et 27 mars 1791.

49. Plus tard, la loi, tout en leur laissant aux uns et aux autres le choix de leur huissier, les obligea à les choisir parmi les huissiers reçus par le tribunal civil de l'arrondissement. **L.** du 28 floréal an 10.

Depuis, la loi du 25 mai 1838 est venu changer tout cela depuis la promulgation de cette loi.

50. Tous les huissiers d'un même canton ont le droit de donner toutes les citations et de faire tous les actes devant la justice de paix. Dans les villes où il y a plusieurs justices de paix, les huissiers exploitent concurremment dans le ressort de la juridiction assigné à leur résidence. Tous les huissiers du même canton sont tenus de faire le service des audiences et d'assister le juge de paix toutes les fois qu'ils en sont requis, sauf cependant aux juges

de paix à choisir, s'ils le veulent, leurs huissiers audienciers. L., 25 mai 1838, art. 16.

51. Comme on le voit, la loi nouvelle a dérogé aux art. 13 de la loi du 6-27 mars 1791, 4 du code de proc. et 28 du décret du 14 juin 1813, d'après lesquels les huissiers audienciers des justices de paix avaient seuls le droit de signifier les actes concernant ces justices. Circ. minist., 6 juin 1838.

52. En donnant a tous les huissiers le droit d'exploiter concurremment, et à la confiance publique une liberté entière, l'article 16 de la nouvelle loi, comme on le voit par sa disposition finale et comme le faisait observer M. le rapporteur de la commission de la chambre des députés, n'a pas dépouillé le juge de paix « du droit qu'ont tous les tribunaux de désigner leurs huissiers audienciers ; seulement ces huissiers audienciers n'auront pas un privilége spécial pour tous les actes de cette juridiction. Il leur reste le droit d'appel des causes, les honoraires des significations des jugemens par défaut et les bénéfices que la confiance du juge assure en les désignant ainsi d'avance au choix de l'opinion publique. »

53. La défense faite aux huissiers d'instrumenter hors du canton de leur résidence trouve sa sanction dans la loi du 27 mars 1791, à laquelle la loi nouvelle n'a pas dérogé en ce point, et qui autorise le juge de paix à prononcer une amende de 6 liv. contre l'huissier contrevenant, sans que du reste il y ait nullité de l'acte qui n'a point été fait par un

huissier du ressort. Cass., 7 nov. 1806 et 5 déc. 1822; D. P., 23-1-95; Annales, vol. de 1842, p. 131 et suiv.

54. « Dans toutes les causes, excepté celles où il y aurait péril en la demeure et celles dans lesquelles le défendeur serait domicilié hors du canton ou des cantons de la même ville, le juge de paix peut interdire aux huissiers de sa résidence de donner aucune citation en justice sans qu'au préalable il n'ait appelé, sans frais, les parties devant lui.» L., 25 mai 1838, art. 17. V. ci-dessus, V° *Greffier*, § 2, n° 363.

55. Lorsqu'une pareille défense a été faite, deux exceptions seulement dispensent de l'observer : c'est d'abord l'éloignement du domicile du défendeur, afin de lui épargner les dépenses du déplacement; ce sont ensuite les cas d'urgence : à moins qu'il n'y ait réellement et évidemment péril en la demeure, l'huissier doit toujours consulter le juge de paix avant d'engager sa responsabilité en transgressant cette défense. Si le temps lui a manqué cependant, sa justification sera dans les faits mêmes qui caractériseront l'urgence; ce sera à lui de bien les apprécier et de n'engager qu'avec discernement sa responsabilité. Circul. minist., 6 juin 1838.

Mais un juge de paix a-t-il le droit d'interdire à son huissier audiencier de donner une citation à une personne de son canton à la requête d'un autre d'un canton étranger, sans qu'au préalable celle-ci soit appelée sans frais devant ce magistrat? Dans nos *Annales de la Science des juges de paix*, vol. de 1842, p. 167, en donnant la solution de cette question, que le législateur semble n'avoir pas prévue, nous nous sommes exprimés ainsi : « Pour résoudre cette question, il suffit de recourir aux motifs qui ont dicté l'exception de l'art. 17. Ces motifs sont faciles à saisir : l'avertissement préalable qu'autorise la loi nouvelle n'est que le préliminaire de conciliation appliqué aux affaires qui sont de la compétence du juge de paix, préliminaire de conciliation qui souvent évitera un procès et souvent aussi restera sans résultat. Lorsque les deux parties habitent le même canton, la loi n'a pas vu d'inconvénient à permettre une comparution préalable devant le juge de paix, et en tout cas, elle a pensé que l'inconvénient de ce déplacement serait plus que balancé par les chances d'arrangement qui pourraient en résulter; mais lorsque le défendeur habite un canton étranger, les mêmes motifs n'existent plus pour justifier cette mesure; aussi la loi a-t-elle créé une exception pour ce cas, parcequ'elle n'a pas voulu, pour un résultat douteux, ajouter aux fatigues et aux pertes que les formalités de la justice imposent déjà. De plus, l'influence du juge de paix peut être toute puissante sur deux personnes de son canton; mais il est à craindre que sa voix conciliatrice ne se fasse pas entendre avec le même succès à un justiciable étranger au canton. Il y avait donc là une nouvelle raison pour dispenser de l'avertissement préalable.

Ces motifs de la loi bien compris, la solution ac-ruelle doit en découler naturellement. Qu'importe en effet que ce soit, dans l'espèce, le demandeur qui habite un canton étranger? les considérations que nous venons d'assigner pour base à l'exception de l'art. 17 n'en conservent pas moins leur force : il faut donc décider dans ce cas, comme dans le cas prévu par la loi. « En effet, dit M. *Curasson,* » on ne conçoit pas la raison pour laquelle le do- » micile du demandeur n'est pas également une cause d'exception. » (*Traité de la Compétenee,* t. 2, p. 480.) On objecterait en vain contre cette décision que toutes les dispositions exceptionnelles qui se trouvent dans la loi doivent être entendues dans un sens restreint ; cette objection serait ici sans force, car il ne faut pas oublier que la faculté d'un avertissement préalable accordée par l'art. 17 est elle-même une dérogation au droit commun, et qu'on ne doit en user qu'avec une grande réserve. Pour juger des restrictions qui doivent lui être ap-portées, nous croyons donc employer le mode le plus sage d'interprétation et consultant l'esprit de la loi. Néanmoins nous devons ajouter que la pra-tique est à Paris et dans les environs généralement contraire à la solution que nous donnons ici.

56.«Dans les causes portées devant la justice de paix aucun huissier ne peut ni assister comme con-seil ni représenter les parties en qualité de pro-cureur fondé, à peine d'une amende de 25 c. à 50 fr., qui sera prononcée sans appel par le juge de paix. Ces dispositions ne sont pas applicables aux huissiers qui se tromvent dans l'un des éas prévus par l'art. 85 C. proc. civ.» L., 25 mai 1838, art. 18 (1).

57. « En cas d'infraction aux dispositions des art. 16, 17 et 18, le juge de paix peut défendre aux huissiers du canton de citer devant lui, pendant un délai de quinze jours à trois mois, sans appel et sans préjudice de l'action disciplinaire des trihunaux et des dommages des parties, s'il y a lieu. *Ibid*, art. 19.

58. Il faut remarquer que, d'après l'article 19 ci-dessus, le droit conféré au juge de paix se borne à défendre à l'huissier contrevenant de *citer devant lui*, sans que ce droit puisse s'étendre à tous les

---

(1) « Il est dans l'esprit de l'institution des juges de paix, dit la circulaire ministérielle du 6 juin 1838, que les parties se présentent, autant que possible, elles-mêmes, soit pour discerner plus facilement la vérité, soit afin d'arriver à une conciliation. Il ne tiendra donc qu'au juge d'ordonner, s'il le croit convenable, cette comparution pour le jour qu'il indiquera ; comme il peut prescrire la même mesure la même mesure lorsqu'il n'est appelé à ocnnaitre de l'affaire qu'en qualité de coneiliateur, puisque l'art. 53, C. proc., n'autorise la présence d'un fondé de pouvoir qu'en cas d'empêchement de la partie. C'est donc au magistrat qu'il appartient de décider s'il y a empêchement, si l'excuse est justifiée, si la partie elle-même ne doit pas sur son ordre venir exposer les raisons.

actes du ministère de l'huissier. Cass., 18 janv. 1841; Annales, vol. de 1841, p. 101.

59. C'est ainsi que l'on doit entendre l'application de l'article 19 de la loi du 25 mai 1838, qui parut dès l'abord si rigoureux qu'il fut le sujet d'une discussion très vive. Il est certain, en effet, qu'attribuer aux juges de paix le droit de prononcer contre un huissier une suspension de *quinze jours à trois mois, sans appel*, c'eut été introduire dans la législation disciplinaire une innovation malheureuse, une anomalie.

On a dit, il est vrai, pour justifier ce droit exorbitant, qu'il était convenable que le juge de paix fût armé d'un pouvoir disciplinaire énergique afin qu'il pût se faire respecter par ses huissiers audienciers, contre lesquels il n'avait aucun moyen de répression.

Mais, comme on l'a dit à la discussion de cet article, les juges de paix trouvent dans la législation actuelle, et notamment dans l'art. 12 du code de procédure civile et l'art. 504 du code d'instruction criminel, tous les moyens dont il avait besoin pour faire respecter son autorité; on a ajouté que, dans tous les cas, ils peuvent dresser procès-verbal et s'adresser au procureur du roi.

60. Nous insistons sur l'appréciation de l'art. 19 de la loi du 25 mai 1838, parce qu'il peut être d'une application fréquente et qu'il importe qu'il soit bien compris.

« Il faut, disait M. Parant lors de la discussion,

se faire une idée exacte de l'action disciplinaire. D'après nos lois cette action est réservée aux tribunaux de première instance. Et remarquez qu'ils ne l'exercent pas souverainement; au-dessus d'eux est un pouvoir beaucoup plus élevé, c'est celui du ministre de la justice. Ainsi, quelle que soit la condamnation disciplinaire prononcée par un tribunal de première instance contre un officier ministériel, la décision est sujette à la révision du ministre : le tribunal a-t-il été trop indulgent à cause de ses rapports habituels avec l'officier ministériel, le garde des sceaux prononce une pein plus sévère: le tribunal a-t-il été injuste, a-t-il mal apprécié les faits, a-t-il prononcé une peine trop grave, le ministre de la justice est là pour en tempérer la rigueur. Voilà ce qu'il ne faut pas oublier. Eh bien ! d'après le projet, même tel qu'il vient d'être reduitt, il arriverait que le juge de paix seul, et sans aucune espéce de contrôle, serait appelé à prononcer, non pas, il est vrai, une suspension totale, mais une suspension partielle, en ce sens qu'il pourralt interdire à un huissier de citer devant lui les parties pendant un délai de quinze jours à trois mois. Eh bien ! dans cette suspension partielle, le juge de paix peut avoir été un peu trop sévére ou trop indulgent, il faut nécessairement, et à plus forte raison, qu'il soit aussi bien que les tribunaux de première instance soumis à l'autorité supérieure ; mais comme il est inutile de faire intervenir le ministre de la justice à l'égard de peines disciplinaires prononcées par un juge de paix, je crois que, pour éviter cet inconvénient, cette inutilité, il faut rentrer dans les règles ordinaires de la discipline.

» Ainsi, qu'un huissier manque à ses devoirs par une infraction aux articles 16 et 17 du projet, l'infraction doit être déférée au tribunal de première instance comme toutes les infractions à la discipline Et, ainsi que le faisait remarquer tout à l'heure M. Parant, on ne doit pas craindre un conflit perpétuel entre le juge de paix et les huissiers; les poursuites disciplinaires ne seront pas aussi fréquentes qu'on pourrait le penser. Les tribunaux ne seront donc pas encombrés par les plaintes multipliées. Cet inconvénient n'est pas à redouter.

» Je crois qu'en votant l'article proposé vous introduiriez une anomalie dans la législation ; il faut autant que possible la maintenir entière. Conservez aux tribunaux l'action disciplinaire ; conservez-la intacte et ne la faites pas passer aux juges de paix. Je demande donc le rejet pur et simple de l'article de la commission. »

Ces raisons étaient puissantes, et M. le garde des sceaux y répondit en ce termes :

« Je ne viens pas, vous le pensez bien, combattre les observations très justes qui viennent de vous être présentées, mais j'ai besoin de vous expliquer comment j'entends la rédaction nouvelle, et quels seraient les motifs qui me feraient acquiescer à cette rédaction.

» D'après le principe du projet du gouvernement, les huissiers ne pouvaient pas donner de citation devant le juge de paix, à moins qu'ils ne
fussent huissiers audienciers, vous avez par une
disposition conféré ce droit de citation à tous les
huissiers.

. « Maintenant, que propose commission ? La
commission vous propose, lorsqu'un huissier abu-
sera de ce pouvoir nouveau, de l'interdire de ses
fonctions dans sa juridiction ; c'est une disposition
trop étendue, et, sous ce rapport, je partage entièrement l'opinion qu'on vient d'émettre. Il est
évident que le juge de paix, à lui seul, ne peut pas
interdire la profession tout entière, ce que les tribunaux de première instance ne peuvent eux-
mêmes qu'en soumettant leur décision à l'agrément
du gouvernement.

» La rédaction proposée réduit la question à
ceci :

» C'est que le juge de paix pourra retirer ce droit
de citation devant lui, que dans mon système les
huissiers n'auraient eu en aucune manière, s'ils
n'avaient été huissiers-audienciers. En restreignant
à ces termes le pouvoir des juges de paix, je trouve
la chose raisonnable, et je suis disposé à y acquiescer. »

C'est en faveur de cette opinion que les chambres se sont prononcées, et c'est en ce sens, comme
nous l'avons dit, que doit être entendu l'art. 19 de
la loi du 25 mai 1838.

61. Les juges de paix ont le droit d'enjoindre à leurs huissiers de faire les actes de leur ministère, lorsqu'ils s'y refusent ; cette injonction ne peut être suivie de suspension ni de destitution, du moins de la part du juge de paix , qui ne peut, en cas de nouveau refus, que porter ses plaintes à l'autorité supérieure. Biret, *Juris. des juges de paix*, Vo *Injonction.*

§ 7. *Emolumens et taxe des frais dus aux huissiers.*

Les huissiers ne peuvent exiger ni *recevoir* pour les actes de leur ministère autre chose que leur avance et les émolumens fixés par les tarifs , sous peine d'une amende de 500 francs à 6,000 francs , et de destitution. Décr. du 18 juin 1814, art. 64 et 86.

Les honoraires de toute nature dus aux huissiers sont réglés en matières civiles par le premier décr. du 16 février 1807, et en matière criminelle, par celui du 18 juin 1811.

Pour nous renfermer dans le cadre de cet article , nous ne parlerons ici avec détail que de ce qui concerne les huissiers dans leurs rapports avec la juridiction de paix.

L'art. 21 du premier décret de 1807 contient une énumération assez complète des actes qui doivent être faits par les huissiers de la justice de paix

Cet article alloue pour l'original :

1o De chaque citation contenant demande , à Paris.   1 f. 50 c.

Dans les villes où il y a tribunal de première instance.   1 25

Dans les autres villes et cantons rureaux.   1 25

2o Pour l'original de chaque signification de jugement, dans les cas des articles 16 et 19 du code de procédure.   1 25

3o De sommation de fournir caution ou d'être présent à la réception et soumission de la caution ordonnée.   1 25

4o D'opposition au jugement par défaut , contenant asssignation à la prochaine audience.   1 50

5o De demande en garantie.   1 50

6o De citation aux témoins.   1 50

7o De citation aux gens de l'art et experts.   1 50

8o De citation en conciliation.   1 50

9o De citation aux membres qui doivent composer le conseil de famille.   1 50

10o De notification de l'avis du conseil de famille.   1 50

11o D'opposition aux scellés.   1 50

12o De sommation à la levée des scellés.   1 50

Et pour chaque copie des actes ci-dessus énoncés, le quart de l'original.

Comme on le voit, le tarif n'indique pas combien de copies pourront être délivrées au moyen d'un seul original. L'huissier doit donc, pour éviéviter les frais, ne rédiger plusieurs originaux que lorsqu'il lui est impossible de remettre en un seul jour toutes les copies. A Paris les huissiers audienciers du tribunal de la Seine sont dans l'habitude de faire un original pour dix copies ; mais il nous semble que, comme tant d'autres, cet usage n'est qu'un abus, et que cette régle n'a pour elle ni le texte ni l'esprit du tarif.

Aux termes de l'art. 67 C. p. c. l'huissier est tenu de mettre à la fin de l'original et de la copie de de l'exploit le coût de l'acte, c'est à dire l'indication de la somme due pour son salaire et pour lesdroits de timbre et d'enregistrement, à peine de 5 francs d'amende, payables au moment de l'enregistrement de l'acte. — Il est même tenu d'indiquer en marge de l'original le nombre de rôles des copies de pièces, et d'y marquer de même le détail des frais formant le coût de l'acte. (Décr. 14 juin 1813, art. 48.) Cette obligation ne se trouvant répétée dans aucun des articles relatifs aux citations devant les juges de paix, M. Pigeau a soutenu dans son Commentaire, t. 1, p. 3, que cette énumération n'était pas nécessaire pour ces derniers actes, et il se fonde 1o sur ce que l'article 67 se trouvant au titre 2 qui traite des tribunaux inférieurs, on doit en conclure qu'il n'entend parler que des huissiers de ces tribunaux et non des huissiers de paix ; 2o sur

ce que les dispositions pénales ne s'étendent point
d'un cas à un autre : cette opinion a été adoptée
par MM. Carré, Bioche et Gouget, Vo *Huissiers*,
no 157, et presque tous les auteurs, et nous semble
beaucoup plus rationnelle ; d'abord il y a parité
de raison entre l'huissier des tribunaux ordinaires
et celui de la justice de paix ; car la disposition de
l'art. 67 ayant pour objet d'empêcher que l'huissier
ne puisse jamais exiger plus qu'il ne lui est dû, et
de fournir un moyen de vérifier s'il a commis cette
faute, doit naturellement s'appliquer à tous les officiers ministériels, sans distinction des tribunaux
près desquels ils exercent ; en second lieu , l'art.
48 du décret du 14 juin 1813 se trouve dans le
chapitre 2, sous la *Rubrique devoir des huissiers*,
et pouve, selon nous, que le législateur a compris
dans les dispositons de ce chapitre les huissiers de
tous les tribunaux. C'est, du reste, dans ce sens que
la pratique et les parquets des procureurs du Roi
entendent journellement la solution de cette question.

L'art. 22 du tarif accorde aux huissiers des juges
de paix, pour la copie des pièces qui pourra être
donnée avec les actes, par chaque rôle d'expédition de vingt lignes à la page et dix syllabes à la
ligne.

A Paris, » 25
Partout ailleurs , » 20

Les huissiers de justice de paix ont seuls le droit
de faire et de signer les copies des pièces signifiées

dans le cours du procés ressortissant à cette juridiction. Cass., 24 août 1831, 22 mai et 5 déc. 1832
et 28 nov. 1837; Bioche et Goujet, Vo *Huissier*,
256 et suiv.

La signification prescrite par l'art. 65 du code
de procédure n'est du reste, dans le cas ordinaire,
nullement nécessaire dans les affaires de justice
de paix; mais quand il y a lieu à ces significations,
de même que dans toutes les occasions où il y a
pour les huissiers des justices de paix, nécessité de signifier des copies de pièces, les copies ne
doivent être écrites que dans la longueur de la
feuille et ne contenir plus de 35 lignes par page
de petite dimension (timb. de 70 c. la feuille), 40
lignes par page de moyen papier et 50 lignes par
page de grand papier, à peine d'une amende de
5 fr., qui dans aucun cas ne peut atteindre l'original. V. L. du 16 juin 1824, art. 10. Nicias Gaillard,
Traité des copies de pièces, 34 à 44, et Bioche et
Goujet, *J. du Pal.*, 4, p, 222.

Toutefois il faut, pour l'appréciation du nombre
de lignes d'une copie de pièces, faire compensation
d'une feuille à l'autre. L. du 13 brum. an 7, art. 20,
et décis. min. fin., 14 nov. 1834.

Du reste la condamnation à l'amende ne peut
être prononcée *de plano* sur le vu seul de la pièce
établissant la contravention, mais seulement après
l'accomplissement de la procédure de poursuites
prescrite par la loi du 13 brum. an 7.

L'art. 23 du tarif alloue aux huissiers des justices

de paix pour transport lorsqu'il y a plus d'un demi-myriamètre (une lieue ancienne) de distance entre la demeure de l'huissier et le lieu où l'exploit devra être posé, aller et retour, 2 fr., et il ne leur accorde rien pour visa par le greffier de la justice de paix ou par les maires et adjoints des communes du canton, dans les différens cas prévus par le code de procédure.

L'indemnité de transport allouée aux huissiers par cet article est inférieure de moitié à celle que le tarif leur accorde dans la juridiction ordinaire.

Du reste il arrive qu'il y a parfois contestation entre les parties et l'huissier instrumentaire ou bien incertitude dans l'esprit du taxateur pour décider s'il y a lieu d'allouer ou non des frais de transport, parcequ'on ne connaît pas exactement la distance existante entre la commune habitée par l'huissier et celle où il s'est transporté. Dans ce cas, nous croyons qu'il faut avoir recours aux tableaux des distances, qui, aux termes de l'art. 93 du réglement du 18 juin 1811, doivent être dressés par le préfet du département et déposés aux greffes des cours, tribunaux et justices de paix; car il est incontestable et incontesté aujourd'hui que l'art. 23 du tarif n'a pas entendu fixer pour limites de la distance parcourue la *demeure* de l'huissier et le *lieu* où il pose son exploit, mais bien et seulement les communes des demeures respectives de l'huissier et de la partie qui doit recevoir cet exploit. Cass., 14 fév. 1838; Victor Fons, p. 42, art. 4.

On a souvent discuté pour décider comment on devait taxer les frais de transport des huissiers de la justice de paix lorsqu'ils se transportent à plus d'un myriamètre, mais à moins d'un myriamètre et demi. Nous pensons que la meilleure solution qu'on puisse donner à cette question est d'appliquer par analogie l'art. 92 du tarif du 18 juin 1811, aux termes duquel la fraction de trois à sept kilomètres sont comptés pour un demi-myriamètre, et celle de huit à neuf kilomètres comme un myriamètre.

Le décret du 14 juin 1813, art. 35, veut que l'huissier ne perçoive qu'un seul droit de transport pour la totalité des actes qu'il fait dans une même course et dans un même lieu, à peine, outre le rejet de la taxe ou la restitution, d'une amende de 20 fr. à 100 fr. et même de suspension. Dans la pratique et lorsque les copies n'ont pas été délivrées par un seul juge, elle est presque impraticable pour le taxateur ; car comment *en fait* pourrait-on établir la plupart du temps que l'officier ministériel n'a pas fait la course exprès ? Qu'importe que son répertoire constate qu'il a fait deux actes le même jour dans la même commune ? ne pourra-t-il pas soutenir qu'il a fait deux fois la route, parceque les ordres d'instrumenter ne lui ont été donnés que successivement, etc., etc. V. Sudrand-Desisles, p. 11, n. 24 ; V. aussi Bioche, t. 2, p. 463 ; *J. de procéd.*

Les huissiers audienciers des justices de paix ont

en outre droit pour l'appel des causes à l'audience à une indemnité de 15 centimes par chaque cause, sans qu'ils puissent d'ailleurs réclamer plus d'un seul droit par chaque jugement, quel que soit le nombre d'audiences qu'il nécessite ; Décr. du 14 juin 1813, art. 94.

Ce droit n'est jamais dû en matière de police. V. Bioche et Goujet, V° *Huissier*, n°ˢ 276 et 277.

Les droits dont nous venons de parler sont, bien entendu, tout à fait indépendans des déboursés, de timbre, d'enregistrement, etc., qui doivent être payés à part et en sus des vacations et honoraires accordés aux huissiers par le tarif.

L'action des huissiers pour le paiement de leurs frais et honoraires, se prescrit par un an, et cette prescription a lieu quoique ces officiers ministériels aient en leur possession les actes qu'ils ont faits pour leurs clients, et que depuis ces actes il y ait eu continuation non interrompue de services et de travaux ; C. civ. 2272, C. Cass., 10 mai 1836; Dall. 1836, 1, 217.

Les états qui comprennent des frais dus à un huissier pour les actes de son ministère concernant la justice de paix sont soumis à la taxe, mais elle n'est pas un jugement : elle ne forme pas un titre exécutoire ; elle se réduit à un simple avis du juge taxateur sur la quotité des honoraires qui peuvent être dus : elle peut être apposée sur les actes qui en

sont l'objet, et elle ne donne pas lieu à l'enregistrement.

Lorsqu'il y a contestation soit de la taxe, soit de
la convention portant fixation d'honoraires , il appartient aux tribunaux de prononcer : s'il s'agit
d'une somme au-dessous de deux cents francs , la
cause est de la compétence du juge de paix ; s'il
ts'agit d'une somme supérieure, elle doit être por-
ée devant le tribunal civil. L'action à exercer devant le tribunal civil est soumise aux formes réglées
par le deuxième décret du 16 février 1807 ; elle
est de la compétence du tribunal de la résidence
de l'officier ministériel à qui les frais sont dus ; C.
proc., 60, L. du 25 ventose an 11, art. 51.

§ 8. *Timbre et enregistrement.*

63. Les huissiers doivent faire tous leurs actes sur
papier timbré fourni par la régie, sous peine d'une
amende de 20 francs pour chaque contravention.
L. de 13 brumaire an 7 , art. 24 et 26, et du 16
juin 1824, art. 10.

64. Il leur est interdit, comme à tous les officiers
ministériels , d'écrire sur l'emprunte du timbre
ou de l'altérer, de faire timbrer pour leurs actes
du papier à l'extraordinaire et de délivrer leurs expéditions sur du papier autre que celui vendu 1 fr.
25 cent. par la régie.

65. Mais, d'après une décision du ministre des

finances du 16 juin 1807, il n'y a pas de contravention lorsqu'on couvre d'écriture ou de traits de plume le verso seulement des timbres.

66. Leurs actes doivent être par eux présentés à l'enregistrement dans les quatre jours de leur date, et ils sont tenus d'en acquitter personnellement les droits, sous peine d'amende et de nullité de ces actes.

67. Le chiffre des droits d'enregistrement qu'ils ont à payer est fixé à 1 fr. par tous exploits relatifs aux procédures devant la justice de paix et les tribunaux de simple police, et il est dû un droit par chaque défendeur ou demandeur, en quelque nombre qu'ils soient dans le même acte, excepté les copropriétaires, cohéritiers ou co-intéressés.

68. Avant de procéder aux ventes publiques d'objets mobiliers, ils doivent en faire la déclaration au bureau de l'enregistrement à peine d'amende. L. 22 pluv. an 7.

69. En matière correctionnelle et de police ils doivent employer du papier timbré ou visé pour timbré, même lorsqu'ils signifient des exploits à la requête du ministère public. Cass., 28 janv. 1833; D. P. 33-1-393.

70. Les huissiers ne peuvent, sans encourir l'amende, mentionner dans leurs exploits aucun acte non enregistré : mais de ce qu'une assignation à fin de paiement d'effets protestés a été donné avant que ces effets aient été enregistrés, l'huissier n'en-

court pas d'amende, si d'ailleurs il a, dans le délai, présenté à la fois à l'enregistrement les effets, les protêts et les assignations. L. 22 frim. an 7, art. 42, 69, § 2, no 6 ; Cass., 19 nov. 1834 ; *Annales de la science des juges de paix*, vol. de 1834, no 502.

Quant aux droits à percevoir pour les autres actes des huissiers, c'est aux lois du 22 frimaire an 7 et 28 avril 1816 qu'il faut recourir pour les reconnaître.

§ 9. FORMULES.

1. *Modéle d'ajournement.*

L'an..., le..., à la requête du sieur Alphonse C....,
propriétaire, demeurant à...., lequel a fait élection
de domicile en l'étude de M⁰ V..., avoué au tribunal
de première instance de..., demeurant à..., lequel
occupera pour lui.

Je, Alphonse A....., huissier près le tribunal de
première instance de..., patenté pour la présente
année sous le n°..., troisième classe, demeurant à...,
soussigné, ai donné assignation au sieur A....., demeurant à..., à son domicile, parlant à... (ou à sa
personne, ainsi qu'il me l'a déclaré), à comparaître
d'hui à huitaine franche, délai de la loi, à l'audience
du tribunal de première instance de...., séant à....,
pour, attendu que les parties n'ont pu se concilier
devant M. le juge de paix de..., ainsi qu'il résulte
du procès-verbal rédigé le....., enregistré le..... (ou
attendu que le sieur... n'a pas comparu en conciliation devant...., ainsi qu'il résulte de la mention délivrée par le greffier de la justice de paix de..., en
marge de la citation en conciliation donnée à la
requête dudit sieur C...); attendu en outre... (désigner ici les différens motifs de la demande); se voir
condamner à payer au demandeur la somme de
600 fr. contenue dans son billet en date du..., enregistré à..., le..., etc., avec les intérêts de la somme
du jour de la citation en conciliation et aux dépens, dont distraction sera prononcée au profit de
M⁰..., avoué, qui la requerra aux offres de droit, et
j'ai audit sieur A..., en son domicile, parlant comme
dessus, laissé copie certifiée, tant (des titres sur les

quels on entend fonder la demande) que du procès-
verbal de non conciliation(ou de la mention de non
comparution), et du présent exploit, dont le coût
est de... .

(Signature de l'huissier.)

Si l'huissier ne trouve au domicile de l'assigné ni
l'assigné ni aucun de ses parens ou serviteurs, il
remet la copie à un voisin qui signe l'original, la
mention est faite ainsi :

En son domicile, où n'ayant trouvé personne, j'ai
remis de suite la copie du présent exploit au sieur
N..., demeurant à..., même rue, n°..., voisin dudit
sieur A..., qui s'en est chargé, a promis la remettre
audit sieur A..., et a signé l'original dudit exploit.

Si l'huissier remet la copie au maire ou adjoint
de la commune, la mention est ainsi conçue :

En son domicile, où n'ayant trouvé personne et
m'étant transporté chez les voisins dudit sieur A...,
dont aucun n'a voulu ou n'a pu signer l'original
de l'exploit d'assignation, je me suis rendu chez
M. le maire de la commune de..., à qui j'ai remis la
copie dudit exploit, et qui a visé l'original. (Cette
mention doit être faite tant sur l'original que sur
copie.)

Enfin si l'assigné n'a ni domicile ni résidence connus, l'huissier procède et fait la mention comme il
suit :

Au sieur A..., demeurant à..., rue de..., no... ci-
devant, et maintenant n'ayant ni domicile ni résidence connus, j'ai en conséquence affiché copie du
présent exploit à la principale porte de l'auditoire
du tribunal de première instance de....., et j'en ai
laissé une seconde à M. le procureur du roi près le
tribunal, lequel a visé l'original.

S'il s'agit de matière réelle ou mixte on doit énoncer l'objet et les moyens de la demande dans les termes suivans :

Se voir condamner à laisser au demandeur une pièce de terre située commune de..., terroir dit de..., tenant du levant à une pièce de terre appartenant au sieur D..., du couchant au jardin du sieur N..., du midi au chemin communal allant de..... à...., et du nord aux propriétés du sieur V...; ladite pièce de terre vendue au requérant par le sieur A..., suivant contrat passé le..., devant G... et son collègue, notaires à..., et à la somme de... à titre de dommages et intérêts, pour le retard qu'il a apporté dans la délivrance de ladite pièce de terre depuis la sommation qui lui a été faite le..., et aux dépens. (I)

(I) L'acte d'ajournement devant les tribunaux de paix se nomme citation, soit qu'il s'agisse d'une action ressortissant à leur tribunal, soit qu'il s'agisse de tentative en conciliation.

Pour ces ajournemens il n'y a pas lieu à constitution d'avoué ; c'est aux articles 2, 3 et 5 du code de procédure qu'il faut recourir pour les formalités et les délais applicables à la citation ; mais quant à la forme extrinsèque de cet acte, il faut suivre le modèle que nous donnons ici.

2. *Modèle de signification de titre avec sommation.*

L'an..., le..., à la requête du sieur L..., propriétaire demeurant à..., pour lequel domicile est élu en la demeure de M...

Je... (Noms, immatricule, demeure et indication de la patente de l'huissier), soussigné, ai signifié et donné copie au sieur N..., demeurant à..., rue..., à son domicile, en parlant à...

D'un acte sous signature privée en date du..., enregistré le..., et contenant cession par M. D... au requérant du droit au bail des lieux occupés par le sieur N....., qui en avait acquis dudit D..... la possession en jouissance pour six mois, qui sont expirés le..., dernier.

A ce que ledit sieur N... n'en ignore, et à même requête que dessus, je lui ai, huissier susdit et soussigné, fait sommation de... dans vingt-quatre heures pour tout délai, avoir à quitter lesdits lieux et à faire procéder aux réparations locatives qui peuvent être a sa charge, lui déclarant que faute par lui d'y satisfaire dans ledit délai et y celui passé, le requérant se pourvoira ainsi que de droit pour l'y contraindre.

A ce que de nouveau ledit sieur N. n'en ignore, je lui ai en son domicile et, parlant comme dit est, laissé copie tant de l'acte sus énoncé que du présent exploit, dont le coût est de,....

3. *Commandement.*

L'an..., le..., en vertu de la grosse en forme exécutoire d'un acte dressé par Mᵉ... et son collègue, notaires à..., (où bien d'un jugement rendu par le tribunal de première instance de....) enregistré et signifié tant à avoué qu'à partie, et à la requête du sieur Barthélemy A....., architecte, demeurant à...., pour lequel domicile est élu (cette élection de domicile doit être faite dans la commune du lieu de l'exécution si le saisissant n'y demeure pas) en l'étude de Mᵉ H..., avoué près le tribunal civil de..., demeurant à...

J'ai.....(Noms, immatricule, demeure et indication de la patente de l'huissier), soussigné, fait commandement de par la loi, le roi et justice au sieur Jules B..., propriétaire, demeurant à..., où étant et parlant à lui-même, ainsiqu'il me l'a déclaré.

De, dans vingt-quatre heures pour tout délai, payer au sieur A.... ou à moi, huissier, pour lui porteur de pièces, la somme de....., montant de..., etc.....

Lui déclarant que, faute par lui de ce faire dans ledit délai et icelui passé, il y sera contraint par toutes les voies de droit et notamment par la saisie exécution de ses meubles et effets mobiliers, et je lui ai en son domicile et parlant comme il vient d'être dit, sous toutes réserves et sans préjudice de tous autres dûs, droits, intérêts et actions, laissé copie du présent exploit, dont le coût est de... (1).

(Signature de l'huissier.)

---

(1) Dans les matières de la compétence des juges de paix, le commandement se fait par le même acte que la signification.

4. *Modèle de procés-verbal de saisie-exécution.*

L'an le..... le....., en vertu de (énoncer ici le titre exécutoire en vertu duquel on agit) et à la requéte de M....., demeurant à....., lequel fait élection de domicile..... (cette élection doit étre faite dans la commune où la saisie s'opère); j'ai (immatricule de l'huissier) soussigné, fait itératif commandement, au nom de la loi, du roi et justice, au sieur....., demeurant à....., où je me suis exprès transporté avec les témoins ci-après nommés, où étant et parlant à.....

De, présentement et sans délai, payer au sieur..... ou à moi huissier, pour lui porteur de pièces, la somme de..... (V. *Formule*, 3); lequel a refusé de payer, pourquoi je lui ai déclaré que j'allais à l'instant procéder à la saisie-exécution de ses meubles, effets et marchandises, et de suite, en présence desdits témoins, j'ai saisi, exécuté et mis sous la main de justice : 1°..... 2°..... (énoncer les objets saisis et désigner les lieux dans lesquels ils se trouvent), pour la garde desquels objets j'ai sommé le sieur..... de me donner bon et valable gardien, ce qu'il a refusé de faire, pourquoi j'ai établi en garnison réelle dans ladite maison le sieur....., demeurant à....., lequel présent s'est du tout chargé et a promis de le représenter à qui de droit à la charge de ses frais de garde, qu'il ne pourra répéter contre moi, et j'ai en même temps signifié au sieur..... que la vente des objets présentement saisis aurait lieu à la huitaine franche échéant le..... heure de..... sur la place publique de..... les formalités ordinaires préalablement remplies, le sommant en conséquence de s'y trouver si bon lui semble.

A ce que du tout il n'en ignore, j'ai, en parlant comme dessus, laissé au sieur..... et au gardien ci-dessus nommé copie du présent procès-verbal, pour lequel j'ai employé..... vacations, le tout fait en présence de..... (nom, profession, demeure des deux témoins), tous deux témoins qui ont signé avec le gardien et moi huissier le présent procès-verbal, dont le coût est de.....

NOTA. — Ce modèle peut servir pour la rédaction de tous les procès-verbaux de saisie; toutefois les procès-verbaux de saisie immobilière doivent contenir, outre les formalités communes à tous les autres, 1° la désignation de l'extérieur des objets saisis, l'arrondissement, la commune et la rue où les biens sont situés, les tenans et aboutissans, la nature et la contenance de ces biens, et les noms des fermiers ou colons lorsqu'il s'agit de biens ruraux; 2° l'extrait de la matrice du rôle de la contribution foncière pour tous les articles saisis, et enfin 3° l'indication du tribunal où la saisie doit être portée et la constitution de l'avoué chez lequel le domicile du saisissant est élu de droit (Voyez C. proc., 675 et 717).

TABLE ALPHABÉTIQUE

DES MATIÈRES.

A.

D.

E.

F.

G.

H.

N.

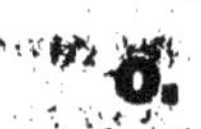

O.

P.

Q.

QUALITÉS. Un greffier de justice de paix peut-il insérer dans ses actes l'énonciation d'une qualité qu'il ne possède plus, p. 37 et suiv.

R.

RÉVOCATION des greffiers de justice de paix; dans quel cas elle peut être prononcée par les tribunaux, p. 29.

RESPONSABILITÉ des huissiers, p. 230 et suiv., 233 et suiv., 239.

RÉSIDENCE des huissiers, p. 336 et suiv.

RÉPERTOIRE. Ce qu'il doit contenir, p. 134; ce qu'il doit contenir, p. 135; doit être à la disposition du juge de paix, *id.*; des huissiers, p. 233 et suiv.; modèle de répertoire, p. 219.

REGISTRES divers que doivent tenir les greffiers, p. 136 et suiv.

RÉDACTION des arrêts d'audience, p. 9: du jugement, p. 26, 66 et suiv.; des actes de greffe, p. 26 et suiv.

RÉCUSATION. Formalités en cas de récusation, p. 86 et suiv.; honoraires des greffiers, p. 157 et suiv.

S.

T.

FIN.